Kohlhammer

Die Autorinnen

Dr. Saskia Erbring ist Professorin für Beratung an der Fachhochschule Erfurt und arbeitet freiberuflich als Supervisorin M. A. (DGSv). Sie berät Schulleitungen und Steuergruppen zu Schulentwicklungsthemen und veranstaltet schulinterne Fortbildungen zu Inklusion und Lehrer*innengesundheit. Ausgebildet als Lehrerin für Sonderpädagogik sowie als Lehrerin in Sekundarstufen arbeitete sie ursprünglich an einer Kölner Gesamtschule. Als Autorin publiziert sie Artikel und Bücher zum Thema Inklusion und Schulentwicklung aus unterschiedlichen Fachperspektiven.

Susanne Metzger ist Supervisorin M. A. (DGSv) und arbeitet in eigener Praxis in Bonn. Nach dem Studium der Germanistik und Theologie sammelte sie langjährige Erfahrung als Gymnasial- und Beratungslehrerin in Baden-Württemberg, Bayern und Nordrhein-Westfalen und an der Europäischen Schule in Brüssel. Sie leitet schulinterne Fortbildungen zum Thema Gesprächsführung, Kollegiale Fallberatung und Peer Counselling und coacht Lehrkräfte aller Schulformen im Rahmen von Einzel-, Gruppen- und Teamsupervision.

Saskia Erbring,
Susanne Metzger

Supervision in der Schule

Ein Werkstattbuch für Lehrkräfte

Verlag W. Kohlhammer

Dieses Werk einschließlich aller seiner Teile ist urheberrechtlich geschützt. Jede Verwendung außerhalb der engen Grenzen des Urheberrechts ist ohne Zustimmung des Verlags unzulässig und strafbar. Das gilt insbesondere für Vervielfältigungen, Übersetzungen, Mikroverfilmungen und für die Einspeicherung und Verarbeitung in elektronischen Systemen.

Die Wiedergabe von Warenbezeichnungen, Handelsnamen und sonstigen Kennzeichen in diesem Buch berechtigt nicht zu der Annahme, dass diese von jedermann frei benutzt werden dürfen. Vielmehr kann es sich auch dann um eingetragene Warenzeichen oder sonstige geschützte Kennzeichen handeln, wenn sie nicht eigens als solche gekennzeichnet sind.

Es konnten nicht alle Rechtsinhaber von Abbildungen ermittelt werden. Sollte dem Verlag gegenüber der Nachweis der Rechtsinhaberschaft geführt werden, wird das branchenübliche Honorar nachträglich gezahlt.

Dieses Werk enthält Hinweise/Links zu externen Websites Dritter, auf deren Inhalt der Verlag keinen Einfluss hat und die der Haftung der jeweiligen Seitenanbieter oder -betreiber unterliegen. Zum Zeitpunkt der Verlinkung wurden die externen Websites auf mögliche Rechtsverstöße überprüft und dabei keine Rechtsverletzung festgestellt. Ohne konkrete Hinweise auf eine solche Rechtsverletzung ist eine permanente inhaltliche Kontrolle der verlinkten Seiten nicht zumutbar. Sollten jedoch Rechtsverletzungen bekannt werden, werden die betroffenen externen Links soweit möglich unverzüglich entfernt.

1. Auflage 2022

Alle Rechte vorbehalten
© W. Kohlhammer GmbH, Stuttgart
Gesamtherstellung: W. Kohlhammer GmbH, Stuttgart

Print:
ISBN 978-3-17-036889-7

E-Book-Formate:
pdf: ISBN 978-3-17-036890-3
epub: ISBN 978-3-17-036891-0

Inhalt

1	**Supervision im schulischen Kontext**	**9**
1.1	Vorüberlegungen zum Buch	9
1.2	Systemische Supervision – eine kurze Einführung	12
1.3	Wirksamkeit von Supervision im schulischen Kontext	17
2	**Einzelsupervision**	**21**
2.1	Einzelsupervision mit Lehrkräften oder: »Meine Schwäche wird meine Stärke.«	21
2.2	Theoriebezug: Kontextualisierung und Reframing	43
3	**Gruppensupervision**	**46**
3.1	Gruppensupervision mit Lehrkräften oder: »Perspektivwechsel mit Hüftschwung«	46
3.2	Theoriebezug: Zirkularität und Autopoiese	54
4	**Supervision im Ausbildungskontext**	**59**
4.1	Supervision mit Studierenden oder: »Ich wusste schon immer, dass ich was in Richtung Pädagogik machen werde. Nun studiere ich auf Lehramt.«	59

Inhalt

4.2	Theoriebezug: Berufsbiografische Aspekte in der Supervision mit angehenden Lehrkräften	71

5	**Leitungssupervision**	**75**

5.1	Supervision mit Schulleitungen oder: »Was sollen wir denn noch alles machen! Irgendwann ist mal genug!«	75
5.2	Theoriebezug: Gesundheitsressourcen in der Supervision	81

6	**Teamsupervision**	**84**

6.1	Teamsupervision mit Lehrkräften einer Fachkonferenz oder: »Aus der Sackgasse in den Adlerhorst«	84
6.2	Theoriebezug: Die Beobachtung zweiter Ordnung in der Supervision	97

7	**Supervision in Großgruppen**	**100**

7.1	Supervision mit einem Kollegium oder: »Gemeinsam aus der Problemtrance«	100
7.2	Theoriebezug: Selbstorganisation	105

8	**Supervision ohne Supervisor*in**	**107**

8.1	Kollegiale Supervision in der Schule oder: »Im Raubtierkäfig«	107
8.2	Theoriebezug: Lernen und Beraten nach neurowissenschaftlichen Erkenntnissen	121

9	**Selbstsupervision**	**125**

9.1	Externalisierung und Visualisierung oder: »Die innere Chairperson aktivieren«	125
9.2	Theoriebezug: Professionalisierung im schulischen Kontext	128

10	**Zur Ethik systemischer Supervision oder: »Was machen wir hier eigentlich wie und wozu?«**	**130**

11	**Glossar: Verzeichnis systemischer Begriffe**	**134**

Literatur	**149**

1

Supervision im schulischen Kontext

1.1 Vorüberlegungen zum Buch

Der Bedarf an Supervision in beruflichen Zusammenhängen wächst stetig, denn sich verändernde Arbeitsfelder und komplexe Arbeitsbedingungen erfordern ein hohes Maß an Selbstreflexion. Supervision bietet hierfür ein über Jahrzehnte entwickeltes und erprobtes Setting mit einem spezifischen Repertoire an Methoden und Techniken. Wir wollen anhand von Beispielen einen Einblick vermitteln, wie Supervision im Kontext des Arbeitsfeldes »Schule« stattfinden kann. Dabei ist es uns wichtig, neben praxisnahen Einblicken in die Supervision auch einen Bezug zu den theoretischen Grundlagen systemischer Supervision herzustellen.

1 Supervision im schulischen Kontext

Unter Supervision versteht man die Beratung von Berufstätigen zu Fragen und Problemen, die aus ihrer beruflichen Arbeit erwachsen. Supervision hat die Aufgabe, die Kommunikation und Beziehungsgestaltung im beruflichen Kontext zu reflektieren und zu verbessern. Schon die Vorläufer von Supervision in der Mitte des letzten Jahrhunderts, sogenannte Balint-Gruppen für Ärzt*innen, hatten die Interaktion zwischen Professionellen und ihren Klient*innen im Blick: Die Ärzt*innen thematisierten Fragen und Fälle aus ihrer Berufspraxis und fanden im Rahmen der Balintgruppen einen Raum zur Selbstreflexion und Klärung ihrer Anliegen (Lubau-Plozza, 1984). In ähnlicher Weise wurde von Berufstätigen in der Sozialen Arbeit früh der Bedarf an professioneller Beratung angemeldet und in Deutschland seit 1962 als »Praxisberatung« in die Ausbildungsgänge integriert (Möller, 2015, S. 96).

Wie in der Medizin und der sozialen Arbeit befassen sich auch Lehrkräfte in der Schule täglich mit Menschen, mit denen sie als Einzelne oder in Gruppen auf vielfältige Weise interagieren. Da der Fokus in der Schule aber zunächst auf Wissensvermittlung liegt, schien lange eine Beratung von Lehrkräften nur hinsichtlich fachmethodischer und -didaktischer Kompetenzen erforderlich. Erst in jüngerer Zeit rücken die pädagogischen Anforderungen bei der Wissensvermittlung und bei den vielen Aufgaben darüber hinaus drängender in den Blick. So wird deutlich, dass sich eine Reflexion schulischer Arbeit nicht nur auf die Wissensvermittlung in Schulstunden beziehen sollte, sondern auf alle Interaktionen innerhalb und außerhalb der Schulstunden, einschließlich der Kommunikation mit Kolleg*innen, Schulleitung, Eltern und Behörden.

Mit diesem Buch wollen wir Chancen und Möglichkeiten von Supervision im Kontext von Schule darstellen. Dabei machen wir deutlich, wie Supervision dazu beitragen kann, vorhandene Ressourcen zur Bewältigung der herausfordernden schulischen Aufgaben zu nutzen und die Gesundheit der Lehrkräfte zu erhalten. Wir zeigen außerdem, wo und wie Supervision in der Schule stattfinden kann, auf welchem Fundament sie sich bewegt und welche Veränderungen sie ermöglicht. Sie schafft – wie der Blick aus dem »Adlerhorst« – eine hilfreiche Distanz und ermöglicht so eine neue und gelassene Sicht auf den »Raubtierkäfig« Schule (▶ Kap. 6, ▶ Kap. 8).

Dabei konzentrieren wir uns auf sogenannte → systemische Supervisionskonzepte, die sich in verschiedenen Beratungskontexten bewährt haben und die für schulische Beratungsangebote besonders geeignet erscheinen (Hubrig, 2007). Auch in ärztlichen und therapeutischen Berufen wird vielfach systemisch gearbeitet. So ist seit 2008 Systemische Therapie als wissenschaftliches Verfahren anerkannt, nachdem zuvor in Studien die Wirksamkeit systemischer Interventionen nachgewiesen werden konnte (Sydow/Beher/Retzlaff/Schweitzer-Rother, 2006). Systemische Beratungskonzepte sehen den Menschen einerseits als Teil sozialer Systeme, andererseits als eigenes in sich geschlossenes System, das aber selbst Ressourcen und Kompetenzen zur Bewältigung beruflicher und persönlicher Probleme mitbringt (▶ Kap. 1.2).

Zentrale Ankerpunkte systemischer Beratung sind → Multiperspektivität und → Zirkularität. Sowohl Multiperspektivität als auch zirkuläres Denken sind hier aber nicht nur Thema, sondern auch Leitlinie unserer eigenen Ausführungen. Multiperspektivisch – mit Beispielen aus unterschiedlichen Settings und Schulformen, mit unterschiedlichen Protagonist*innen und Zielvorgaben – wird hier betrachtet, wie Supervision in der Schule gestaltet werden kann. Dabei beziehen wir unsere Ausführungen auch auf Ausbildungskontexte und Schulleitungen. Darüber hinaus spannen wir einen weiten Bogen von Selbstsupervision über Einzelsupervision, Gruppen- und Teamsupervision bis zur Supervision in Großgruppen und wollen so Interesse wecken für die Vielzahl der Supervisionsmöglichkeiten in Schulen. Zirkulär ist unser Vorgehen, da wir kein umfassendes Fundament für die systemische Supervision darlegen, sondern, geleitet durch praktische Supervisionsbeispiele, einzelne jeweils passende Aspekte systemischer Begründung erläutern. Theorie und Praxis sollen sich so wechselseitig ergänzen und erklären. Zirkulär ist unser Vorgehen auch, weil die Leser*innen durch die Lektüre des Buches neue Ideen für sich entwickeln können in die Zukunft von Schule hinein, die sie gestalten werden.

1 Supervision im schulischen Kontext

Das erste Kapitel zeigt die spezifische Situation der Supervision im schulischen Kontext, ihre systemische Richtung und ihre Wirkungsweise. In den Kapiteln 2 bis 9 werden Beispiele aus der Praxis präsentiert, die jeweils ein anderes Format von Supervision zum Thema haben. Mit der Berücksichtigung von Einzel-, Gruppen-, Team- und Selbstsupervision soll deutlich werden, auf welch vielfältige Weise Supervision in Schule stattfinden kann.

Jedes dieser Kapitel besteht aus einem ersten Teil, der aus der Praxis berichtet, während der zweite Teil einen Theoriebezug herstellt. Praxis- und Theorieteil korrespondieren inhaltlich und stellen zumindest punktuelle Bezüge her. So sollen die Grundlagen systemischer Beratung deutlich werden, die Voraussetzungen und Ziele, aber auch das Menschenbild, welches den konkreten Interventionen zugrunde liegt.

Unser Ziel ist es, ein Kaleidoskop supervisorischer Aktivitäten in der Schule zu zeigen, das einlädt, mit dem Werkzeug der Supervision Schule professionell(er) zu gestalten.

In den Fallbeispielen berichten wir von Beispielen aus unserer Supervisionserfahrung. Diese Fallschilderungen wurden soweit verfremdet, dass die Anonymität der Supervisand*innen und die Vertraulichkeit gewahrt bleiben.

Am Ende des Buches haben wir ein Glossar systemischer Begriffe zusammengestellt, das einen vertiefenden Zugang zum theoretischen Hintergrund systemischer Supervision ermöglichen soll. Die dort verzeichneten Begriffe sind im Text durch einen Pfeil markiert.

1.2 Systemische Supervision – eine kurze Einführung

Reflexion im Sinne des Nachdenkens und Sprechens über schulische Prozesse und Themen findet selbstverständlich auch ohne Supervision statt – in Pausen, auf Konferenzen und bei Tür-und-Angel-

1.2 Systemische Supervision – eine kurze Einführung

Gesprächen sowie zuhause, mit Partner*innen oder im Freundeskreis. Was also bietet → systemische Supervision über diese bekannten Gesprächsformate hinaus?

Ein Austausch über ungelöste berufliche Fragen und Belastungen findet an Schulen häufig mit einer deutlichen Problemorientierung statt. Dies lässt sich leicht beobachten, beispielweise während der Pausenzeiten im Lehrer*innenzimmer. Allzu oft bleiben die angesprochenen → Probleme ungelöst, nicht selten verstärken sie sich sogar, wenn auch die Gesprächspartner*innen keinen Lösungsansatz finden. Nicht ohne Grund leiden übermäßig viele Lehrkräfte an Burnouterscheinungen und finden keinen Ausweg mehr aus dem Überlastungserleben.

Supervision bietet die Möglichkeit, fokussiert und mit dem Paradigma der → Lösungsorientierung an Fragestellungen heranzugehen. Supervision und verwandte Formate berufsbezogener Beratung wie Kollegiale Fallberatung oder Coaching stehen daher schon seit einigen Jahren im Interessensfokus von Forschung und Praxis der Lehrer*innenbildung. Supervision ist aus dieser Sicht eine »Lernumgebung« für Erwachsene (Erbring, 2009) und bietet spezifische Methoden, Techniken, Materialien und Medien, welche zur aktiven Auseinandersetzung mit einer für sie persönlich relevanten Fragestellung anregt. Die Reflexionsangebote der Supervision bringen zum Vorschein, wo und wie in der Schule mit Freude und Erfolg gearbeitet wird, wo noch Entwicklungsbedarf besteht und wie Fragen und Probleme in den unterschiedlichen Aufgabenfeldern wie Unterricht oder Schulleitung gelöst und bewältigt werden können, im Einzelfall, in Gruppen oder im gesamten Kollegium.

Als organisatorische Parameter der Supervision kommen unterschiedliche Supervisionsformate infrage: Einzelsupervision, Gruppensupervision oder Teamsupervision sowie Supervision in Großgruppen (z. B. Kollegien). Außerdem lässt sich Supervision im Hinblick auf unterschiedliche Statusgruppen organisieren, z. B. als Leitungssupervision oder im Ausbildungskontext. Und schließlich gibt es neben Supervision unter professioneller Leitung, was der Regelfall ist, auch noch Supervisionsformen, wo sich Supervisand*innen gegenseitig oder selbst supervidieren (▶ Kap. 8.1 und ▶ Kap. 9.1).

Über den sogenannten →Kontrakt regeln die Beteiligten den äußeren und inhaltlichen Rahmen der Zusammenarbeit (Berker, 1999, S. 79 f.). Der Kontrakt beinhaltet auch eine Schweigeverpflichtung, die innerhalb der Gruppe einschließlich der Supervisor*innen eingegangen wird. Die Schweigeverpflichtung trägt zu einem verbindlichen Rahmen bei, der es ermöglicht, dass auch persönlich bedeutsame Fragen angesprochen werden.

Neben der Reflexion von als problematisch erlebten Situationen wird in systemischer Beratung besonderer Wert auf die Umsetzung neuer Erfahrungen und die Einübung neuer Verhaltens- und Kommunikationsweisen gelegt. Mit der Reflexion entsteht demnach die Möglichkeit, eine Außenperspektive auf ein Problem einzunehmen und somit aus gewohnten Interpretationen und Handlungsmustern herauszutreten. Sobald die Kommunikationsmuster im Problemsystem erkannt wurden, lassen sie sich auch verändern. Ein wichtiger Grundsatz systemischer Beratung lautet deshalb: Nicht das → Problem ist zu verändern, sondern die Kommunikation (Schlippe/Schweitzer, 2003, S. 90).

In → systemischer Supervision wird davon ausgegangen, dass Beschreibungen, Kommunikationen und Verhaltensweisen die Konstruktion von Problemen bedingen und damit Möglichkeitsräume eingeschränkt werden. Mithilfe einer fragenden und forschenden Grundhaltung und dem Fokus auf den Lösungsraum treten die jenseits vom Problem liegenden Lösungen in den Blick (Schlippe/Schweitzer, 2003, S. 35 ff.). Der →»ethische Imperativ« von Foerster bringt diese Forderung in einen Satz: Handle stets so, dass die Anzahl der Wahlmöglichkeiten größer wird. Denn nur wer frei ist und auch anders agieren könnte, kann verantwortlich handeln (Foerster/Pörksen, 1999, S. 25).

Zielführend für systemische Supervision ist es daher, den Blick auf einen größeren Kontext frei zu machen und simple Ursache-Wirkungs-Zuschreibungen zu vermeiden. »Systemisch« ist somit weniger ein Kanon von Werkzeugen, sondern die systemische

Perspektive (Schlippe/Schweitzer, 2003, S. 31 ff.). Supervisionskonzepte gelten demnach als mehr oder weniger systemisch, je deutlicher dies gelingt (Kleve, 2011, S. 47). Folgende systemische Grundannahmen sind dabei richtungsweisend und deshalb auch die Basis für systemisches Arbeiten in der Supervision (Schlippe/Schweitzer, 2003, S. 179):

- Jedes Verhalten macht Sinn, wenn man den Kontext kennt.
- Jedes Verhalten hat eine sinnvolle Bedeutung für die Kohärenz des Gesamtsystems.
- Es gibt keine vom Kontext losgelösten Eigenschaften einer Person.
- Es gibt nur Fähigkeiten. Probleme ergeben sich manchmal daraus, dass Kontext und Fähigkeit nicht optimal zueinander passen.
- Jeder scheinbare Nachteil in einem Teil des Systems zeigt sich an anderer Stelle als möglicher Vorteil.

Die Fragen in folgender Tabelle können dabei nützlich sein.

Tab. 1.2.1: Fragenkatalog zum systemischen Arbeiten in der Supervision

Frage nach unterschiedlichen Sichtweisen: Wer beschreibt das Symptom/das Verhalten wie? Wer beschreibt es zuerst? Wem fällt es besonders/weniger auf?	Frage nach dem Nutzen: Welche Vorteile bringt das Symptom/das Verhalten für unterschiedliche Beteiligte?
Frage nach Ressourcen: Was funktioniert gut? Wann tritt das Symptom/das Verhalten nicht auf? Welche Ausnahmen gibt es?	Frage nach Kooperationsmöglichkeiten: Wie kann gemeinsam ein gutes Ergebnis erzielt werden?

Dabei lässt sich eine professionelle Beziehungsgestaltung als tragendes Element des Supervisionssettings (→ Systemische Supervision) verstehen (Schlippe/Schweitzer, 2017):

- Einerseits bietet Supervision einen verlässlichen Rahmen und sorgt in der Prozessgestaltung für Stabilität und Sicherheit. Dazu gehören zunächst ein empathischer Kontaktaufbau (→ Joining), Wertschätzung und Ressourcenorientierung. Die Supervisand*innen werden mit ihren vorhandenen Kompetenzen gesehen, was auch das Vertrauen in deren Fähigkeiten zur Lösung des eigenen Problems miteinschließt. Für eine sichere Basis sorgt außerdem ein klarer äußerer Rahmen in Form eines → Kontrakts, der regelmäßig überprüft und angepasst werden kann. Hilfreich ist zudem eine transparente Gesprächsführung mit ausreichend Gesprächsanteilen für die Supervisand*innen.
- Andererseits erzeugt Supervision Instabilität und Fluktuationsverstärkung. Innerhalb des sicheren Rahmens wird ein Spannungsbogen von Interesse, Neugier und Irritation ermöglicht. So können → zirkuläres oder hypothetisches Fragen, überraschende Kommentare und → Reframing die Dekonstruktion bisheriger Sicherheiten einleiten. Vorübergehende, produktive Unsicherheit kann auch dort entstehen, wo Unterschiede verdeutlicht werden, wo versteckte Themen angesprochen und wo gegensätzliche Ansichten und Tabus ausgesprochen werden.

Auf der Basis eines verlässlichen Rahmens sorgt die*der Supervisor*in also für wichtige Interaktionen, für Stabilität und Instabilität in einem angemessenen Verhältnis. Diese Steuerung geschieht einmal auf der Mikroebene des Prozesses durch Blicke, Lächeln, Bestätigen oder Infragestellen. Zum anderen auch auf einer übergeordneten Ebene, indem die Supervisorin Kontrakte schließt, Aufträge klärt, Angebote formuliert, das Thema erweitert oder neue Bezüge herstellt. Im Rahmen einer konstruktiven Beratungsbeziehung sind Irritation und Perturbation durch den*die Supervisor*in allerdings ethisch nur vertretbar, wenn sie auf dem Fundament einer stabilen Beziehung eingesetzt werden (Schlippe/ Schweitzer, 2010). Grundsätzlich ist die Beziehungsgestaltung zwischen Supervisor*in und Supervisand*in in der Einzelsupervision besonders wichtig, weil dort der Fokus auf nur einem

Gegenüber liegt. Mittelbar wirkt sie aber auch in der Gruppen- und Teamsupervision.

1.3 Wirksamkeit von Supervision im schulischen Kontext

Der Beitrag von Supervision zur Professionalisierung von Lehrpersonen wurde im deutschsprachigen Raum erstmals umfassend von Denner (2000) untersucht. Sie zeigt in ihrer repräsentativen Untersuchung, dass schulinterne Gruppenberatung einen Beitrag zur individuellen, kollegialen und institutionellen Professionalisierung innerhalb der beruflichen Tätigkeit von Lehrkräften leistet. Zudem gehen von der Teilnahme an Supervision in den untersuchten Szenarien innovative Impulse zur Veränderung und Weiterentwicklung von Unterricht und Schule aus. Denner stellt eine Perspektiverweiterung der teilnehmenden Lehrpersonen im Hinblick auf deren selbstreflexive Fähigkeiten fest, die über das Supervisionssetting hinausreicht (ebd., S. 353 ff.). Diese Erweiterung der Perspektiven deutet darauf hin, dass Supervision für Lehrkräfte den »Möglichkeitsraum« vergrößert – Lehrkräfte fühlen sich weniger auf eine einzige Sichtweise auf die Problematik festgelegt. Stattdessen können sie mithilfe der Supervision die Fähigkeit erwerben, in Lösungsfindungsprozessen multiple Perspektiven einzubeziehen. Dies trägt letztlich auch zu einer höheren Zufriedenheit bei.

Anknüpfend an diese Untersuchungsergebnisse wurde in den Arbeiten von Erbring (2007; 2009) der Beitrag von Supervision zur Professionalisierung von Lehrkräften an der Ausprägung kommunikativer Professionalität gemessen. Die Ergebnisse zeigen, dass die Lehrkräfte ihr Kommunikationsverhalten im Supervisionssetting innerhalb dieses Zeitraumes signifikant veränderten.

Pädagogisch professionelle Kommunikation wurde im Kategorienschema mit der Ausbalancierung von Selbstverantwortungsanteilen konzeptualisiert. Professionelle Kommunikation beruht demnach auf einer selbstverantwortlichen Haltung und ist durch die Vermeidung von fehlplatzierter Verantwortungsabgabe oder Überverantwortlichkeit geprägt. Hinweise hierauf enthält der Ansatz von Clark (1995), der die Kommunikation von Lehrpersonen sowohl als geeigneten Ansatzpunkt zur Förderung der professionellen Entwicklung von Lehrpersonen als auch zur Erforschung pädagogischer Professionalität herausarbeitet. Im englischen Originaltext bezeichnet Clark diese Fähigkeit als »thoughtful teaching« (ebd., S. 31). Evident wird pädagogische Professionalität in der Beziehungsgestaltung, genauer gesagt in der angemessenen Ausbalancierung von Selbstverantwortungsanteilen der Beteiligten. Kommunikative Professionalität wird somit zum Indikator für pädagogische Professionalität.

Clark stellt fest, dass hinsichtlich der Fähigkeit professionell zu kommunizieren bei Lehrpersonen Entwicklungspotentiale bestehen. Kommunikationsprozesse im Unterricht weisen demnach häufig ungünstige Manifestationen auf, die von ihm auf langjährig etablierte kommunikative Gewohnheiten der Lehrpersonen zurückgeführt werden. So haben sich bei vielen Lehrpersonen aufgrund mangelnder Erfahrung symmetrischer Arbeitsbeziehungen in der eigenen Lernbiografie unproduktive Lernhaltungen ausgeprägt. Die Etablierung symmetrischer Lehr-Lern-Beziehungen im Hinblick auf die Beziehungsebene der Kommunikation ist dadurch für viele Lehrpersonen erschwert.

Pädagogische Professionalität lässt sich, dem Ansatz folgend, im Sinne einer hohen Sensibilität der Lehrperson gegenüber den Situations- und Kontextfaktoren konzeptualisieren. Ansatzpunkt der professionellen Entwicklung sieht Clark im Hinterfragen und Reflektieren von Kommunikationsprozessen. Die in der Kommunikation konkretisierten Haltungen lassen sich in Gesprächen mit anderen Lehrpersonen über Erfahrungen und Probleme des beruflichen Alltags reflektieren. Indem Lehrpersonen sich in kleinen Gruppen über Dilemmata und Fragen des Berufsalltags austauschen, entsteht nach Clarks Auffassung der Mut, neue Handlungspraktiken zu lernen und zu erproben. Eigene Ziele und Bedürfnisse lassen sich somit in

1.3 Wirksamkeit von Supervision im schulischen Kontext

den bewussten Erfahrungshorizont einholen, gewohnte Wege und Erklärungen hinterfragen und gegebenenfalls modifizieren. Um die erforderlichen Entwicklungen anzustoßen und zu begleiten, befürwortet Clark konkret Beratungs- und Supervisionssettings.

In der Untersuchung von Erbring (2007; 2009) wurde eine Supervisionsgruppe über 15 Supervisionssitzungen hinweg wissenschaftlich begleitet. Die Supervisionen dauerten jeweils 120 Minuten und folgten einem gleichbleibenden Ablaufschema:

Ablaufschema einer Supervision
Phase 1   Anfangsrunde mit persönlicher Befindlichkeit
Phase 2   Rückmeldung zu Themen der letzten Sitzung
Phase 3   Themensammlung zur aktuellen Sitzung
Optional   Festlegung von Reihenfolge und Zeitrahmen für die einzelnen Themen
Phase 4   Bearbeitung der Einzelthemen
Phase 5   Abschlussrunde zur Sitzung

Die Sitzungen innerhalb des Zeitraumes (eines Jahres) wurden videodokumentiert, transkribiert und diskursanalytisch ausgewertet. Sowohl die Inhalts- als auch die Beziehungsebene der Kommunikation wurde im Kategorienschema berücksichtigt. Für die Analyse wurde die in jeder Sitzung obligatorische Phase der Themensammlung (Phase 3) ausgewählt, um Veränderungen der Kommunikation in der Gruppe zu verfolgen. Diese Phase kann als Kern jeder Supervisionssitzung angesehen werden, die hohe Anforderungen an die Beteiligten stellt: In dieser Phase soll das eigene Thema bzw. die eigenen Themen kurz vorgestellt werden, wobei die eigene Sichtweise auf das Problem explizit gemacht werden soll. Die anderen Beteiligten haben die Aufgabe ihr Verständnis des Themas zu sichern. Anders als in den anderen Phasen der Supervision findet hier kein Methodeneinsatz statt (z. B. Rollenspiele), sodass eine weitgehend authentische Gesprächssituation vorliegt.

Inhaltsanalytisch betrachtet wurden während der Phase der Themensammlung von den 12 Lehrkräften im Jahresverlauf 83 Themen eingebracht, hauptsächlich zur pädagogischen Arbeit und zu schulorganisatorischen Aspekten. Außerdem wurden von den teilnehmenden Lehrpersonen häufig Themen zur Teamarbeit und zur Zusammenarbeit in der Supervisionsgruppe angesprochen. Die Themen sind im Jahresverlauf gleichmäßig verteilt.

In der Auswertung der Beziehungsebene zeigen die Ergebnisse der Studie, dass die summierten Anteile der Kategorien professioneller Kommunikation im Jahresverlauf deutlich zunehmen, während sich die Anteile der Kategorien habitueller Kommunikation verringern. Der Anteil der Kategorien habitueller Kommunikation beträgt in der ersten Sitzung 72 % und in der 15. Sitzung nur noch 16 %, während die Kategorien professioneller Kommunikation von 9 % in der ersten Sitzung auf 68 % in der letzten Sitzung zunehmen.

Die Veränderungen des Kommunikationsverhaltens lassen sich dahingehend zusammenfassen, dass die beteiligten Lehrkräfte sowohl ihr instruktionsbezogenes als auch ihr konstruktionsbezogenes Kommunikationsverhalten professionalisieren konnten (instruktionsbezogen: von manipulativen Einflussnahmen zur Sachinformation; konstruktionsbezogen: von eingreifendem Helfen zur Verständnissicherung).

2

Einzelsupervision

2.1 Einzelsupervision mit Lehrkräften oder: »Meine Schwäche wird meine Stärke.«

Einzelsupervision ist im Ablauf und im Hinblick auf die Rolle der Supervisor*innen von Gruppen- oder Teamsupervision zu unterscheiden. Auch die Beziehung zwischen Supervisand*in und Supervisor*in ist unterschiedlich ausgeprägt. So haben in einem Zweiersetting Sprechen und Handeln von Supervisor*innen größeres Gewicht als in einer Gruppen- oder Teamkonstellation, wo die Gruppe zusätzlicher Ideengeber oder kritisches Korrektiv sein kann. Vor allem aber fehlt in der Einzelsupervision die Gruppe als eigenständige, vielseitige Beziehungsgröße und Beratungsressource.

Auch für Supervisand*innen besteht ein deutlicher Unterschied zwischen Einzelsupervision und Gruppensupervision: Die Situation zu zweit erzeugt eine höhere Intimität. In der Zusammenarbeit mit Supervisor*innen können emotionale Bedürfnisse geweckt oder regressive Wünsche und Übertragungen auf die Figur der Supervisor*innen entstehen.

Abwehrphänomene, beispielsweise als Umgang mit Ängsten, bilden für Supervisionen eine wichtige Deutungsfolie (Pühl, 2009). Ziel ist es, die Supervisand*innen zum Erinnern der zugrunde liegenden unbewältigten Konfliktsituation aus der lebensgeschichtlichen Vergangenheit anzuregen, z. B. mithilfe eines → Genogramms. Anders als in einem therapeutischen Setting müssen jedoch mögliche Erkenntnisse hieraus nicht thematisiert oder kommentiert werden. Abhängig vom Ziel der Supervision und vom Kontrakt findet das Phänomen in unterschiedlicher Weise Beachtung: als unkommentierte Kenntnisnahme, als Thematisierung und Besprechung des Ergebnisses oder in Form einer ausführlichen Gesamtanalyse.

Supervisand*innen erleben sich im Zwei-Personen-Setting in der Rolle der Bedürftigen und der Ratsuchenden, während die Rollen im Gruppensetting häufig wechseln: So ist man dort als Gruppenmitglied einmal Ratsuchende und beim nächsten Fall wieder Ratgebende. In der Einzelsupervision wird dagegen die Beziehung zwischen Supervisor*innen und Supervisand*innen oft als Gefälle wahrgenommen, eine Beziehungsform, die Lehrkräften aus ihrer beruflichen Situation besonders vertraut ist. Clark (1995) stellt fest, dass Lehrkräfte weniger Erfahrung mit symmetrischen Arbeitsbeziehungen hätten und in dieser Hinsicht Entwicklungspotential vorhanden sei. So weise die Kommunikation im Unterricht häufig ungünstige Manifestationen auf, die Clark auf langjährig etablierte kommunikative Gewohnheiten der Lehrpersonen zurückführt. → Systemische Supervision wird dabei immer das Ziel verfolgen, zwischen Supervisor*in und Supervisand*in eine symmetrische Kommunikation und Arbeitsbeziehung zu erreichen.

Einzelsupervision hat, obwohl die Gruppe als Ressource fehlt, auch deutliche Vorzüge: Durch die Intimität im Zwei-Personen-Setting können Beratungen in emotionaler und selbstreflexiver Hinsicht besonders intensiv sein. Hier erfahren Supervisand*innen im Schutze der Anonymität am meisten über die eigenen Stärken und Schwächen, über Grenzen und Chancen in der Arbeit mit anderen Menschen. Dabei kann man auch an persönliche Themen stoßen (Belardi, 2018, S. 94 f.). Die Grenze zur Psychotherapie scheint hier zu verschwimmen und tatsächlich kann eine Einzelsupervision einer Therapiesitzung nahekommen. Klare und wichtige Grenze ist aber, dass bei allen von den Klient*innen eingebrachten Themen der Bezug zur Arbeit oder zur Herstellung der Arbeitsfähigkeit als Fokus beibehalten wird.

Supervisor*innen achten im Einzelsetting besonders darauf, den Supervisand*innen eine aktive Rolle zu ermöglichen, sodass diese sich eigener Ressourcen bewusst werden können. Hilfreich ist in diesem Zusammenhang die Arbeit mit Symbolen oder mit Stühlen als Stellvertreter. Diese methodischen Repertoires erweitern das Zwei-Personen-Setting.

Fallbeispiel Frau S.
Frau S., eine junge Lehrerin, kommt in die Einzelsupervision. Sie berichtet, dass sie in ihrer Schule regelmäßig an einer Gruppe für kollegiale Beratung teilnimmt und daher darin geübt ist, Fragen aus dem Lehrer*innenalltag zu reflektieren. Im ersten Treffen erzählt sie, dass sie ein → Problem mit einem Schüler habe, welches sie nicht in der Fallberatungsgruppe thematisieren wolle. Irgendwie sei es ihr unangenehm, vor der Gruppe darüber zu sprechen.

Dass Lehrer*innen Einzelsupervision für sich in Anspruch nehmen, ist eher selten. Dafür liegen zwei Gründe auf der Hand: Zunächst müssen die Kosten in der Regel selbst getragen werden. Außerdem steht das Einzelsetting manchmal noch im Verdacht, therapeutische Ziele zu verfolgen, was von den Supervisand*innen in der Regel nicht erwünscht ist.

Andererseits muss davon ausgegangen werden, dass bei Lehrkräften ein hoher Reflexions- und Supervisionsbedarf besteht. Supervision und Schule tun sich aber oft schwer miteinander, wie die Deutsche Gesellschaft für Supervision in ihrem Flyer »Supervision – wirkungsvolles Beratungsinstrument in der Schule« (DGSv, 2006) feststellt. In aller Regel bemühen sich Lehrpersonen darum, ihre Schwierigkeiten allein zu bewältigen und Fehler tendenziell zu verbergen. Konflikte werden selten offen ausgetragen und Zusammenarbeit eher vermieden. Die Inanspruchnahme von Beratung kommt in diesem Denkmuster einem Eingeständnis von eigener Schwäche und eigenen Defiziten gleich.

Fallbeispiel Frau S.
In einem Vorgespräch vereinbaren Frau S. und ich einen → Kontrakt, der Anzahl und Dauer der Stunden und die Kosten beinhaltet. Außerdem verständigen wir uns über das Ziel für die ersten drei Supervisionssitzungen: Frau S. möchte einen veränderten Umgang mit dem Schüler Felix finden.

Erste Supervisionssitzung
Frau S. erscheint zum vereinbarten Termin und wirkt angespannt.
   Sie berichtet von Felix. Er ist ein Schüler der Jahrgangsstufe 11, in der sie Geschichte unterrichtet. Felix wolle immer im Mittelpunkt stehen, was ihm in dem sonst schweigsamen Kurs leicht gelinge. Er störe, sei laut, mache Witze und halte die anderen erfolgreich vom Unterricht ab. Sie müsse ihn ständig ermahnen und sei unendlich genervt. Dabei seien seine Leistungen gut. In kürzester Zeit begreife er alles Wesentliche und könne auch die von ihr gestellten Aufgaben schnell und inhaltlich aufs Beste lösen. In Gruppenarbeiten formuliere er für die anderen die Ergebnisse, vermutlich seien die anderen deshalb auch so still. Statt dass er seine Fähigkeiten positiv einsetze, mache er aber nur Quatsch und boykottiere ihren Unterricht. Natürlich wolle er auch noch eine Eins als Quartalsnote; sie habe ihm aber schon mitgeteilt, dass er die wegen seines Sozialverhaltens nicht bekomme.
   Auf die Frage, ob sie ein Beispiel für einen »Quatsch« nennen könne, den Felix veranstaltet, berichtet sie:
   In der letzten Stunde habe er sich wieder unmöglich verhalten. Um Folien zu beschriften, hätten alle Schüler*innen Stifte von ihr

ausgeteilt bekommen. Es sei auch für alle klar, dass diese am Ende der Stunde wieder vorne auf ihr Pult gelegt würden. Felix habe seinen Stift zunächst nicht abgegeben. Nachdem sie ihn dazu aufgefordert habe, habe er sie aufgefordert den Stift aufzufangen und ihn dann in ihre Richtung geworfen. Sie habe ihn natürlich nicht aufgefangen und ihn nach der Stunde ärgerlich zur Rede gestellt. Sie habe das Gefühl, Felix nehme sie nicht ernst und sehe in ihr eher einen Kumpel als die Autoritätsperson, die sie ja nun für ihn sei.

Nun legt das Anliegen von Frau S., einen neuen Umgang mit Felix zu finden, nahe, gemeinsam nach verschiedenen pädagogischen Lösungen zu suchen, wie Frau S. sich in dem Geschichtskurs nun verhalten und ihre verloren geglaubte Autorität wiederfinden könnte. Hier würde möglicherweise eine pädagogische Fachberatung ansetzen. In Supervisionsangeboten dagegen steht Selbstreflexion im Vordergrund. Daher wird die Situationsschilderung zunächst noch intensiver in den Blick genommen, bevor Veränderungsmöglichkeiten entwickelt werden.

In einem ersten methodisch strukturierten Zugang rekonstruiert Frau S. die geschilderte Situation mithilfe von Symbolen.

Möglichkeiten der Visualisierung dienen insbesondere bei der Problemdarstellung zu Beginn von Supervisionssitzungen der ausgiebigen Exploration des Falles. Über die sprachliche Beschreibung hinausgehend regen visuelle Formen der Darstellung weitere Gedanken, Ideen und Emotionen zum Fall an, die sich (vorerst) nicht in Worte fassen ließen. Die eingesetzten Gegenstände, deren Formen und Farben erhalten symbolische Bedeutung. Vom zufällig greifbaren Wasserglas bis zum eigens mitgebrachten Gegenstand: Die symbolische Darstellung lässt alles zu und verbindet das Sichtbare mit einer spezifischen Bedeutung. Symbole sind nicht linear verständlich oder eindeutig (Witte, 2004, S. 148), sie bedürfen der Einbettung in einen spezifischen Kontext und sind damit zirkulär angelegt.

Gerade in dieser ersten Phase der Einzelsupervision, in der das geschilderte Problem für Frau S. als so massiv und bedrängend erscheint, können Symbole einen Freiraum für kreatives, assoziatives Denken und ein Gefühl von Lebendigkeit und Emotionalität entstehen lassen. Es beginnt ein schöpferischer Prozess, der neugierig macht. Das Spiel mit symbolischen Gegenständen hat etwas Kindliches und Spontanes; die Bewertungsschranke fällt weg, es darf alles gedacht und gesagt und ausprobiert werden. Ein sichtbares und anfassbares Symbol prägt sich außerdem nachhaltig ein und kann im Alltag als Erinnerung und hilfreicher Anker wirken. Die Arbeit mit Symbolen verlangsamt außerdem den Prozess; so werden vorschnelle Lösungen vermieden und neue überraschende Perspektiven können sich eröffnen.

Fallbeispiel Frau S.
Frau S. rekonstruiert die Unterrichtssituation mithilfe von Bauklötzen. Sie wählt einen großen roten Klotz für Felix (links in der Mitte), verschiedene kleinere holzfarbene Klötze für die anderen Schüler*innen im Kurs (rechts hintere Mitte) und für sich selbst einen holzfarbenen Baustein (links vorne). Der rote Klotz hat geringen Abstand zu ihrer Figur, die anderen Schüler*innen befinden sich weiter entfernt.

Ich bitte Frau S., ein Symbol für ihre Aufgabe als Lehrerin zu wählen. Sie nimmt einen grünen würfelförmigen Baustein, den sie rechts vor den übrigen Schüler*innen des Kurses platziert.

Abb. 2.1.1: Aufstellung mit Symbolen: in einem Oberstufenkurs von Frau S.

Frau S. betrachtet das aufgebaute Bild von außen und sieht zunächst nur sich und ihr direktes Gegenüber. Sie sagt: »Ja, so ist es gerade für mich, sehr bedrängend. Ich würde gerne weglaufen, das ist mir zu viel. Ich hätte aber nicht gedacht, dass Felix mir so mächtig und nah gegenübersteht.« Weiterführend betrachtet Frau S. nun auch das gesamte Bild. Sie äußert dazu: »Ich habe die anderen Schüler*innen nicht mehr im Blick. Meine Aufgabe als Lehrerin kann ich kaum sehen. Ist auch alles nicht wichtig ...«

Im weiteren Verlauf der Supervisionssitzung versetzt sich Frau S. in die Rollen und Positionen der beteiligten Personen sowie in die Position ihrer Aufgabe als Lehrerin.

An der Stelle der Schüler*innen fühlt sie sich von der Lehrerin abgehängt und verliert jedes Interesse am Unterricht.

Als Felix spürt sie – für sie überraschend – keine Ablehnung von Frau S., sondern Spaß daran, die junge Lehrerin ein bisschen zu irritieren und zu ärgern, weil es dann auch nicht so langweilig sei ...

In der Identifikation mit ihrer Aufgabe als Lehrerin wird sie auf Frau S. ärgerlich. Frau S. habe ihre eigentliche Aufgabe, allen Schüler*innen etwas beizubringen, einfach ins Abseits gestellt und vergessen. Sie wisse überhaupt nicht, was sie als Aufgabe weit weg von Frau S. und ohne jede Verbindung zu ihr mit den Schüler*innen anfangen solle. Dabei gingen sie doch sonst als bewährtes Zweier-Team zusammen durch die Schule.

Frau S. nimmt den Baustein, der für sie selbst steht, und bewegt ihn in Richtung Aufgabe und in Richtung der anderen Schüler*innen. Sie probiert mehrere Positionen aus, ist sich aber unsicher, wie weit sie sich von Felix entfernen kann. Schließlich wählt sie eine Position, in der sie der Aufgabe und den Schüler*innen halb zugewandt und etwas näher ist als bisher.

Zwar hat Frau S. nach der ersten Supervisionssitzung noch keine Antwort auf ihre Frage zum zukünftigen Umgang mit Felix. Sie hat aber erkannt, dass sie Felix einen verhältnismäßig großen Raum in ihrem Unterricht gewährt und darüber ihre eigentliche Aufgabe des Unterrichtens vernachlässigt. Sie erklärt zum Abschluss der Supervisionssitzung, dass sie den Gedanken entlastend findet, dass

Felix sie möglicherweise gar nicht ablehnt, sondern sie zu einem spielerischen Schlagabtausch einlädt und Vergnügen daran hat, sie herauszufordern. Das könnte sie auch als eine Form der Wertschätzung und nicht zwingend als Verachtung ihrer Person verstehen.

Abb. 2.1.2: Veränderte Aufstellung mit neuer Position von Frau S.

Mit dieser neuen Perspektive auf die Situation mit Felix fühlt sich Frau S. entspannter als zuvor und nimmt sich für die nächsten Schultage vor, ihre Aufmerksamkeit wieder stärker (auch) auf die übrigen Schüler*innen zu richten.

Die Inszenierung einer Situation mit Symbolen hat Frau S. ermöglicht, von außen einen Blick auf die Gesamtkonstellation mit den beteiligten Personen und auf ihre Aufgabe als Lehrerin zu werfen. In reflektierender Distanz sieht sie, welchen Stellenwert und Platz sie Felix einräumt und wie ihr die übrigen Schüler*innen und ihre eigentliche Aufgabe aus dem Blick geraten sind. Durch die Identifikation mit den Beteiligten gewinnt sie ein Verständnis für die unterschiedlichen Positionen und die damit möglicherweise verbundenen Gefühle und Interessen.

So hinterfragt sie ihre Gedanken, von Felix abgelehnt und nicht ernst genommen zu werden, und nimmt andere Interpretationsmöglichkeiten seines Verhaltens in den Blick. Auf diese Weise entstehen neue Handlungsmöglichkeiten, das Gefühl der Lähmung verschwindet und sie entwickelt Ideen, wie sie die »vergessenen« anderen Schüler*innen in den Unterricht einbeziehen kann.

Fallbeispiel Frau S.

Zweite Supervisionssitzung
Frau S. berichtet von ihrem Bemühen, sich mehr mit den anderen Schüler*innen zu befassen. Zunächst sei ihr das auch gelungen, aber dann habe sich Felix erneut in Szene gesetzt und sie habe sich dadurch wieder in Beschlag nehmen lassen. Inzwischen beginne sie schon, an ihrer Eignung als Lehrerin zu zweifeln, wenn sie nicht einmal mit einem so intelligenten und grundsätzlich interessierten Schüler klarkomme.

Frau S. investiert viel Zeit und Energie in eine sorgfältige Unterrichtsvorbereitung und erwartet, dass sie auf diese Weise auch die interessierten und intelligenten Schüler*innen ansprechen und fördern kann. Umso enttäuschter ist sie, wenn ihr das nicht gelingt. Während sie darüber spricht, zeigen auch ihre Körperhaltung und ihre Stimme die ausgedrückten Selbstzweifel und die Enttäuschung.

Auf die Gestaltung kommunikativer Prozesse und professioneller zwischenmenschlicher Beziehungen zu Schüler*innen und Eltern sind Lehrkräfte oft wenig vorbereitet. Auch das Verständnis für Settings, Rollenklarheit, Identifikationen und Bedeutung der eigenen Gefühlslage wird in der Ausbildung der Lehrer*innen wenig thematisiert. Hieraus resultierende Unsicherheiten und Gefühle der Überforderung sind dann später schwer offenzulegen und zu bearbeiten. Lehrkräfte haben demnach oft die Vorstellung, mit der Offenlegung von eigenen Schwierigkeiten in der schulischen Interaktionsdynamik würde eigenes Versagen eingestanden. Dies wiederum löst Angst vor negativer

Beurteilung und Beschämung aus. In Supervisionsprozessen ist es deshalb besonders wichtig, das Vertrauen der Supervisand*innen zu gewinnen und zu behalten (Mietz/Kunigkeit, 2009, S. 305 ff.).

Fallbeispiel Frau S.
Frau S. erlebt sich in einer Diskrepanz zwischen den Erwartungen, die sie an sich selbst richtet und ihren Fähigkeiten zur Umsetzung derselben. Sie sieht sich nicht in der Lage, den Schüler Felix produktiv in den Unterricht einzubinden, verlangt aber von sich selbst, die Unterrichtsstörungen souverän zu bewältigen oder ganz zu vermeiden.

Systemische Supervision spricht Menschen grundsätzlich die Fähigkeit zu, ihr Leben aus eigener Kraft positiv zu gestalten. Lösungen für Problemlagen werden demnach nicht im Repertoire der Supervisor*innen gefunden. So verstehe ich es nicht als meine Aufgabe, Frau S. Ratschläge zu geben, wie sie sich alternativ gegenüber Felix verhalten könnte. Stattdessen verfolgt systemische Supervision das Ziel, die persönlichen Kompetenzen und sozialen Ressourcen von Supervisand*innen zu identifizieren und zu aktivieren. Auf diese Weise kann Frau S. den Herausforderungen der augenblicklichen Lage, die als »Problemsituation« erlebt wird, anders begegnen. Diese Form der Lösungsorientierung unterscheidet Supervision von anderen Fort- und Weiterbildungsformaten.

→ Lösungsorientierte Beratung versteht die »Problemlage« von Supervisand*innen zunächst als eine Notlage. Im Fallbeispiel mit Frau S. wurde dies mit der Exploration der »Problemsituation« mithilfe der Aufstellung von Bauklötzen als Symbole für Personen und Aufgaben umgesetzt. Nachfolgend gilt es nun, den Blick auf die Kompetenzen und Ressourcen von Frau S. zu richten.

Fallbeispiel Frau S.
Frau S. soll sich nun überlegen, inwiefern es Zeiten gab, in denen sie von sich als Lehrerin überzeugt war. Welche Fähigkeiten konnte sie damals einbringen und auf welche Ressourcen konnte sie zurück-

greifen? Sie notiert die Ergebnisse ihrer Überlegungen auf Moderationskarten:

Erfahrungen:

- Wertschätzung durch die Eltern meiner Klasse
- eine gelungene Podiumsdiskussion mit Schüler*innen und Politiker*innen
- ein Museums-Workshop mit meiner Klasse
- intensive Schülerbegegnungen auf einer Abifahrt

Fähigkeiten:

- Kenntnisse in Theater- und Rollenspielen
- Einfallsreichtum für kreative Unterrichtsmethoden
- Schneller Zugang zu Kindern

Ressourcen:

- meine Freundschaft zu einer Kollegin
- gute Zusammenarbeit mit der Co-Klassenlehrerin
- Humor (allerdings z. Zt. verloren gegangen)

Sie schreibt Erfahrungen, Fähigkeiten und Ressourcen auf Kärtchen, sortiert sie nach ihrer Bedeutung und legt sie vor sich auf den Boden. Dabei verändern sich Haltung, Stimme und Gesichtsausdruck. Sie ist zunehmend entspannter und lächelt bei einigen Erinnerungen an angenehme Szenen aus dem Schulalltag.

Die Frage nach angenehmen Erfahrungen und eigenen Ressourcen und Fähigkeiten liegt in einem systemischen Supervisionsverständnis begründet. Die Verhaftung im Problemzusammenhang verhindert Lösungsfindungsprozesse, was vielfach als »Problemtrance« beschrieben wurde (Erbring, 2014). Die Lösung eines »Problems« ist demnach mit dem Verlassen des Problemzusammenhanges verbunden. Systemisch betrachtet ist das Geschehen zwischen Frau S. und dem Schüler Felix weniger als lineare Ursache-Wirkungskette zu betrachten, sondern als zirkuläres Geschehen, in dem sich Ursache und Wirkung wechselseitig bedingen. Deshalb sind auch die Fragen »Warum?« oder »Wie?« nur begrenzt nützlich. Eindeutige Ursache-Wirkungs-Kausalitäten sind aus systemischer Sicht von den Beobachter*innen gesetzte Zäsuren. Watzlawick (Watzlawick/Jackson/Beavin, 1969) nennt sie »Interpunktionen«, die von Kommunikationspartner*innen entsprechend ihrer jeweiligen Interpretation vom Geschehen postuliert werden. Diese Setzungen sind subjektiv und führen oft zu Konfusionen und Konflikten.

Betrachtet man die Situation mit Frau S. und dem Schüler Felix mit einem linearen Ursache-Wirkungsverständnis, so könnte man zu dem folgenden Schluss kommen: Frau S. muss den Schüler Felix ermahnen, weil er sich unangemessen verhält. Felix ärgert Frau S., weil er sich oft zu Unrecht reglementiert fühlt. Ein → zirkuläres Verständnis der Situation bezieht den Kontext mit ein, fragt nach Ausnahmen und anderen Beispielen und versucht, andere Sichtweisen mit einzubeziehen.

Da die Betrachtung von Ursache-Wirkungs-Kausalitäten oft nicht zu einer Lösung führt, ist es ratsam, in der Supervision nicht allein auf die Probleme zu sehen, sondern auf die Ressourcen der Ratsuchenden. Nach systemischem Verständnis sind Klient*innen nicht nur die Expert*innen für die Anamnese ihres Problems, sondern auch für dessen Lösung. Klient*innen an ihre eigenen Ressourcen zu erinnern bedeutet demnach auch, sie dazu anzuregen, neue Lösungsmöglichkeiten in den Blick zu nehmen.

> **Fallbeispiel Frau S.**
> Frau S. ist am Ende der zweiten Supervisionsstunde erleichtert, weil sie ihre Tätigkeit als Lehrerin nicht mehr ausschließlich auf ihr »Versagen« gegenüber Felix reduziert, sondern ihre Fähigkeiten und Qualitäten als Lehrerin wieder in den Blick nehmen konnte. Nach eigenem Bekunden will sie sich ihre Ressourcen selbst auch in der Schule in Erinnerung rufen, hat aber noch keine

konkrete Vorstellung davon, ob das im Umgang mit Felix etwas verändern könnte.

Frau S. hat damit ihre Problemfokussierung verlassen und einen ersten Schritt in Richtung Lösungsorientierung vollzogen.

Fallbeispiel Frau S.

Dritte Supervisionssitzung
Frau S. berichtet, dass sie zunächst entspannter in den Unterricht mit Felix gegangen sei und sich mit Erfolg viel mit den anderen Schüler*innen beschäftigt habe, um bei diesen auch wieder an ihre eigenen Kompetenzen als Lehrerin anknüpfen zu können. Nun sei sie aber von Felix in der letzten Stunde wieder respektlos behandelt worden. Sie habe im Unterricht etwas verwechselt, worauf Felix sie gefragt habe, ob sie männliche Unterstützung brauche. Zudem habe er sich beim Weihnachtskonzert mit seiner Klarinette so in Szene gesetzt, dass sie richtig wütend geworden sei. Er komme sich offensichtlich besonders cool vor, obwohl seine Noten wegen seines Verhaltens nicht perfekt seien. Sie wisse jetzt wirklich nicht weiter. Einerseits sehe sie das intellektuelle Potential von Felix, andererseits provoziere er sie und mache sie wütend und auch irgendwie hilflos.

Hier bietet sich die Arbeit mit dem → Inneren Team an. Das Modell vom Inneren Team nach Schulz von Thun macht die Pluralität des menschlichen Seelenlebens sichtbar, gerade auch, wenn die inneren Anteile widersprüchlich erscheinen und das eigene Handeln dadurch gelähmt wird. Die Methode des Inneren Teams macht aus der Not, dass wir mit uns selbst uneins und ratlos sind, eine Tugend, sodass wir die inneren Stimmen nutzen können, um die Kraft und Klugheit jeder einzelnen Stimme zu einem sinnvollen, handlungsfähigen Team zusammenzuführen. Dabei werden seelische Regungen, Qualitäten, Gefühle und Introjekte als Personen und Botschafter aufgefasst, die selbst Gedanken, Gefühle und Wünsche äußern können. Indem diese

»inneren Seelen« der Supervisand*innen zunächst verbalisiert und dann visualisiert werden, wird den Supervisand*innen eine Loslösung ermöglicht. Sie treten aus dem bewegenden Geschehen heraus und sehen sich die einzelnen Mitglieder ihres Inneren Teams von außen an, können sie benennen, vielleicht auch neu kennen lernen und in eine Ordnung bringen. Das Modell bietet die Chance, die innere Pluralität für differenziertes und stimmiges Handeln zu nutzen, also die Möglichkeit, »wirklich in Übereinstimmung mit sich selbst zu kommen« (Schulz von Thun, 2009, S. 27).

Fallbeispiel Frau S.
Frau S. benennt nacheinander die Stimmen, die sie in sich vorfindet:

- Die Wütende: »Es reicht mir jetzt endgültig! Das dulde ich nicht in meinem Unterricht!«
- Die Hilflose: »Was soll ich nur machen?«
- Die strenge Lehrerin: »Jetzt werden andere Saiten aufgezogen!«
- Die Verantwortliche: »Es müssen alle genug lernen können.«
- Die Verständnisvolle: »Grundsätzlich ist er ja leistungsbereit.«
- Der Selbstzweifel: »Ich bin eine schlechte Lehrerin.«

Zunächst beendet Frau S. die Suche nach den »inneren Stimmen«. Dann findet sie noch eine:

- Die Neidische: »Der Schüler bekommt einfach alles geschenkt und muss sich nicht anstrengen – wie gemein!«

Der Hinweis, dass der Neid manchmal davor schützt, Schmerz und Trauer aushalten zu müssen, führt sie noch zu einer leisen traurigen inneren Stimme.

- Die Traurige: »Ich musste mir alles mühsam selbst erarbeiten. Niemand hat mir geholfen.«

2.1 Einzelsupervision mit Lehrkräften

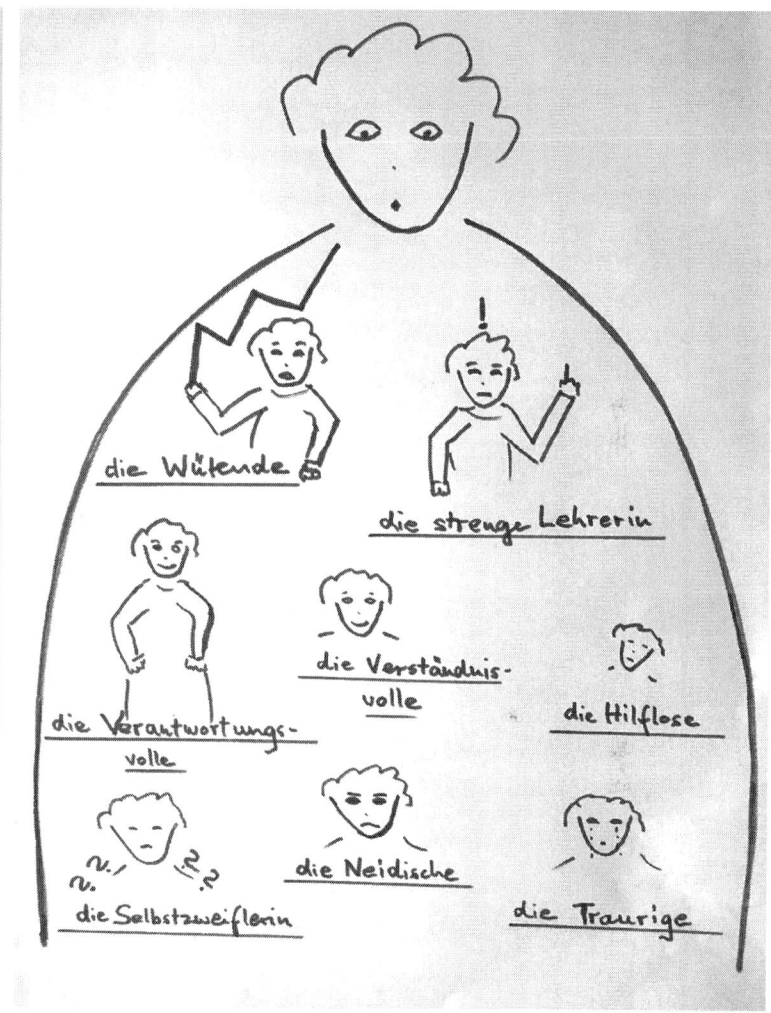

Abb. 2.1.3: Verschiedene »innere Stimmen« von Frau S., ausgelöst durch den Konflikt mit Schüler Felix

Selbstzweifel, Neid und Traurigkeit als innere Stimmen zu benennen, fällt Frau S. nicht leicht, obwohl ich erkläre, dass systemisch gesehen alle Stimmen ihre Berechtigung haben und – in einem lebensgeschichtlichen Kontext gesehen – vermutlich sogar sinnvoll sind oder zumindest einmal sinnvoll waren.

Möglicherweise haben Ärger und Neid für Frau S. eine gute Schutzfunktion, sodass sie die Traurigkeit nicht spüren und sich der schmerzhaften Konfrontation mit sich selbst nicht stellen muss. Indem sie neidisch auf den Schüler ist, kann sie sich ganz auf ihn konzentrieren und dabei selbst passiv bleiben und sich als Opfer fühlen.

Schulz von Thun (2009) sieht die Beschäftigung mit Neid als Chance, in Kontakt mit Außenseitern unseres Inneren Teams zu kommen und damit auch zu unseren Lebensthemen:

»Neid hat [...] ein Doppelgesicht: Er versteckt unsere wunden Punkte – und kann uns zugleich auf diese aufmerksam machen. Er kann zerstörerisch wirken – aber auch Entwicklungen anstoßen. [...] Neid konfrontiert uns mit vergessenen Zielen und Sehnsüchten, mit inneren Bremsen und unabgeschlossener Trauer, mit Selbstzweifeln, wunden Punkten und erhöhten Erwartungen an uns selbst. Hinter dem Neid steht etwas, was auf Veränderung drängt – und sei es, wie im Fall überfälliger Trauer, die innere Veränderung des Loslassens. Insofern kann die Beschäftigung mit meinem Neid zu einer Art innerem Kompass werden, an dem ich die Richtung, die mein Leben im Moment nimmt, überprüfen kann« (Schulz von Thun 2009, S. 215 f.).

Fallbeispiel Frau S.
Frau S.' eingangs gestellte Frage, wie sie mit dem Schüler Felix umgehen könne, enthält vielleicht auch die Frage hinter der Frage, ob sie ohne bildungsbürgerliche und westdeutsche Sozialisation einem Schüler wie Felix eine gute Lehrerin sein und ihm genügend entgegenbringen kann. Gegenüber dem großspurig und machohaft auftretenden Schüler Felix fühlt sie sich – körperlich tatsächlich sehr klein – paralysiert, schwach und unfähig. Nicht umsonst findet sich in ihrem Inneren Team auch der Selbstzweifel.

Die ungeliebten Stimmen in ihrem Inneren Team – Neid, Traurigkeit und Selbstzweifel – werden aber jetzt als berechtigte Stimmen wahrgenommen, dürfen benannt, gezeichnet und angeschaut werden. Vielleicht sind sie zu verstehen im Kontext ihrer eigenen Biografie, die ihr angesichts der gymnasialen Schülerklientel, deren bildungsbürgerlichen Voraussetzungen und angesichts ihrer eigenen Aufgabe als Lehrerin in einem Oberstufenkurs noch einmal neu bewusst wird. In der Konfrontation mit den Schüler*innen sieht sie ihre Herkunft als sozial benachteiligte Migrantin aus Osteuropa eher als zu verbergenden Makel und reagiert mit Selbstzweifel und Neid.

Auf der Suche nach einer Lösung scheint es sinnvoll, weitere Kontexte einzubeziehen und das Problem in einem zirkulären Prozess weiter zu entschlüsseln und »aufzuweichen«. Deshalb einigt man sich für die nächste Stunde auf die Erstellung eines → Genogramms.

Ein → Genogramm stellt – ähnlich wie ein Stammbaum – die verwandtschaftlichen Beziehungen einer Familie bildlich dar und ist ein traditionelles Werkzeug in therapeutischen und supervisorischen Settings. Die Generationen der Familie werden von oben nach unten angeordnet, sodass sofort unterschieden werden kann, wer zur Großeltern-, Eltern- oder Kindergeneration gehört. Männer werden mit einem Viereck, Frauen mit einem Kreis dargestellt, durchgezogene Linien bezeichnen verbindliche Verwandtschaftsbeziehungen, gestrichelte unverbindlichere Partnerschaften (McGoldrick/Gerson, 2009).

Je nach gewünschter Bearbeitungsintensität lassen sich in das Bild wichtige Fakten einschreiben: Name, Vorname, Geburtsdaten, Berufe, Religionszugehörigkeit, Wohnort, Krankheiten, Todesdaten, aber auch »weiche« Informationen wie Eigenschaften der Personen, Familienatmosphäre, Streitfragen, Tabus und weiße Stellen. Konflikte zwischen Personen werden durch einen Blitz gekennzeichnet, besondere Nähe durch eine entsprechend große Zahl von Verbindungslinien. Trennungen und Scheidungen werden durch parallele schräge

Trennungsstriche kenntlich gemacht. Mithilfe dieser Zeichen erhalten Supervisor*innen schnell eine übersichtliche Darstellung von komplexen Informationen über das betreffende soziale System. Auch die Klient*innen erleben es in der Regel als angenehm, einen ordnenden Überblick über ihre eigene Familienstruktur zu bekommen.

Gemeinsam mit den Supervisand*innen werden dann Ideen gesammelt, welche Verbindungen zwischen den aufgezeichneten Konstellationen und der supervisorischen Fragestellung bestehen könnten.

Genogramme werden im Rahmen von systemischer Supervision weniger zum Sammeln von Informationen über ein bestimmtes Familienmitglied eingesetzt, sie helfen vielmehr dabei, ein Problem zu kontextualisieren, d.h., es im Rahmen des familiären und außerfamiliären Zusammenhangs zu sehen. Ziel systemischen Arbeitens ist es dabei, das Problem nicht als Folge von Eigenschaften zu sehen, die im Individuum liegen, sondern im Zusammenhang seiner Geschichte, seiner Beziehungsstrukturen und seiner gesamten Lebensbedingungen. Kontextualisierung kann darüber hinaus eine zirkuläre Sichtweise eröffnen, in der die Wirkung des Kontextes auf das Problem, aber umgekehrt auch die Wirkung des Problems auf den Kontext deutlich wird.

Fallbeispiel Frau S.

Vierte Supervisionssitzung
Frau S. verdeutlicht beim Zeichnen ihres Genogramms, dass sie bei einer mittellosen, alleinerziehenden Mutter aufgewachsen ist und ihren Vater nur flüchtig kennt. Sie hat keine Geschwister und ist mit ihrer Mutter achtjährig nach Deutschland eingewandert. Sie und ihre Mutter waren ein symbiotisches »Überlebenstandem« und beide haben das Überleben durch großen Fleiß und Härte gegenüber sich selbst gemeistert. Diskriminierungserfahrungen und Rückschläge haben sie gemeinsam durchgestanden. Ihr Studium hat Frau S. durch Nachtarbeit weitgehend selbst finanziert.

Inzwischen setzt sie dem Kontaktbedürfnis der Mutter größere Distanzierung entgegen, fühlt sich damit aber nicht wirklich wohl.

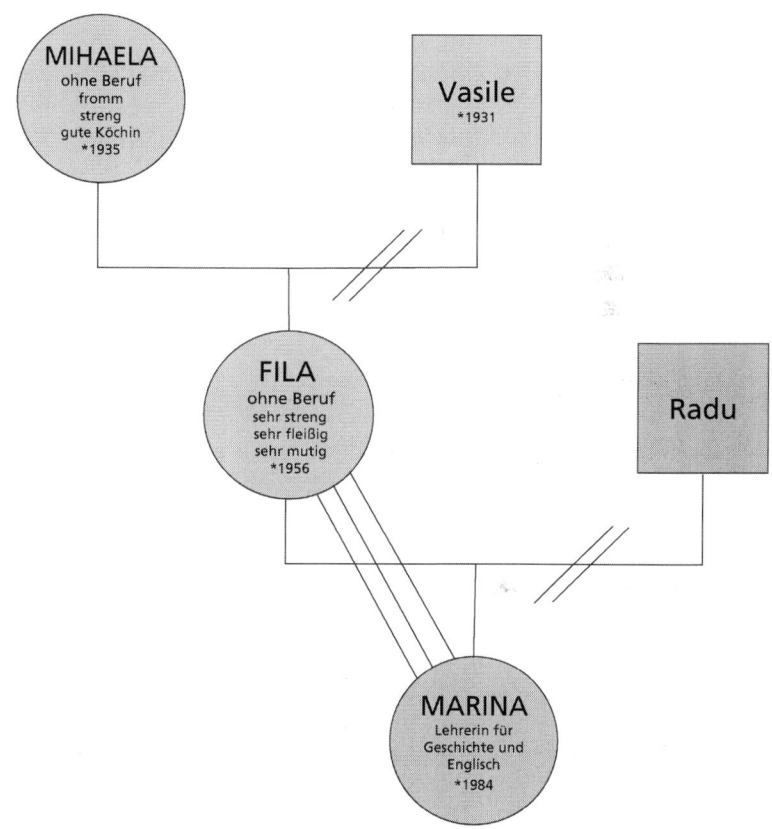

Abb. 2.1.4: Genogramm von Frau Marina S.

Frau S. findet beim Blick auf das Genogramm – auch ihre Großmutter Mihaela war eine ums Überleben kämpfende Frau, von der sich der Mann verabschiedet hatte – dass sie sich als erste Frau in der Familie »freigeschwommen hat«. Weiter fallen ihr in ihrem

Genogramm die Dominanz der Frauen und die schwache Rolle der Männer auf, die sich den Kindern und damit der Verantwortung entziehen. Auch das zeitweise symbiotische Verhältnis und die Schicksalsgemeinschaft mit ihrer Mutter Fila – verstärkt durch ihre gemeinsame Emigration – werden ihr auf dem Bild deutlich. Deutlich wird ihr auch die Linie der Frauen, die – abgesehen von kurz auftretenden »Erzeugern« – das Leben an die jeweils nächste Generation weitergeben, pflegen und so das Überleben der Familie möglich machen und sichern.

Innerhalb der Familiendynamik dieser von starken Frauen geprägten Familie sind harte Arbeit und unbeirrtes Durchhaltevermögen hoch bewertet und erwünscht. Unernstes männliches Verhalten ist mit schmerzhaften Erfahrungen einhergegangen und wird daher negativ bewertet. Im Kontext ihrer Familiengeschichte muss also das Verhalten des Schülers Felix befremdlich, ärgerlich und unangemessen erscheinen. Und das umso mehr, als er damit durchaus erfolgreich und anerkannt ist.

Systemisch gesehen neigen Menschen dazu, sich mit ihren Eltern und Vorfahren solidarisch zu verhalten, dem System Familie also treu zu sein. Schert ein Mitglied aus der Reihe der vorgegebenen Muster aus, kann das im System und bei allen daran Beteiligten eine Irritation erzeugen: Frau S. ist zwar stolz auf ihren Erfolg und ihren neuen sozialen Status, irritiert aber ihre Mutter durch ihre Distanzierung und steckt dabei selbst in ambivalenten Gefühlen. Eine mögliche → Hypothese könnte sein, dass Frau S. versucht, in Solidarität mit Mutter und Großmutter verbunden zu bleiben, indem sie Fleiß und Härte gegen sich selbst ausübt, so wie sie es gelernt hat. Leichtigkeit und Freude über ihren Erfolg haben darin keinen Platz, ja werden eher abgewehrt. Dann ist ein Schüler wie Felix, dem ohne Anstrengung Liebe und Förderung zuteilwerden, der Lernen als unterhaltsames Spiel betreibt und damit auch noch Aufmerksamkeit und Sympathien gewinnt, eine besondere Herausforderung.

In Solidarität mit ihrer Mutter ihre Herkunft nicht zu »verraten« und trotzdem ihre eigenen intellektuellen Fähigkeiten und ihren anderen sozialen Status wert zu schätzen, könnte eine Möglichkeit sein, mit Schüler*innen wie Felix leichter umgehen zu können.

Um einen weiteren und freundlicheren Blick auf ihr eigenes Familiensystem werfen zu können, soll Frau S. ihr Genogramm jetzt auf positiv empfundene Seiten hin durchforsten. Sie kann sehen, welche Ressourcen in ihrer Familie stecken, aus denen auch sie schon längst schöpft und von denen sie weiter profitieren können wird. Frömmigkeit, Fleiß und Mut haben sie nach ihrem eigenen Empfinden oft geleitet und – zeitgemäß verwandelt als kritisches Hinterfragen, als Energie und Innovationslust – so erfolgreich werden lassen.

Ich bitte Frau S., mithilfe von Stühlen eine Generationenreihe aufzubauen: Hinten »steht« die Großmutter, davor die Mutter, und sie selbst steht an vorderster Stelle. Auf den Stühlen platziert Frau S. jeweils ein Symbol für ihre Mutter und Großmutter. Frau S. experimentiert mit den Abständen der Stühle zueinander. Schließlich wählt sie den Platz ihres Stuhls in der Reihe mit weniger Abstand zur Mutter als ursprünglich gedacht. Dazu schlage ich ihr vor, zu ihrer Mutter zu sagen: »Ich mache es wie du, auf meine Weise.«

Der Satz ermöglicht Frau S. einerseits, sich in die Frauentradition ihrer Familie einzureihen und ihre Zugehörigkeit und die Würdigung der vorausgegangenen Frauen zu demonstrieren. Andererseits artikuliert sie mit dem Satz deutlich ihre Eigenständigkeit und Andersartigkeit.

Noch zögerlich denkt Frau S. über den Satz nach ...

Die in der Unterrichtssituation aktualisierte Wut und Traurigkeit werden für Frau S. angesichts des Genogramms verständlicher. Sie vermisst den Vater und eine Mutter, die Zeit und Energie hatte, sich fürsorglich um die Tochter zu kümmern. Härte, Anstrengung und Überlebenskampf sind wesentliche Teile ihrer erlernten weiblichen Rolle. Es ist ihr klar geworden, dass ihre Wurzeln Bestandteil ihrer Persönlichkeit bleiben, aber als positive Durchsetzungskraft und großes Energiepotential gesehen werden können, die ihre Familie überleben ließen und ihr selbst den bisherigen beruflichen Erfolg erst ermöglicht haben. Ihre defizitären Gefühle angesichts des Schülers Felix, der in ihren Augen unverdientermaßen alles in die Wiege gelegt bekommen hat, weichen einem Gefühl der eigenen, anders gearteten Stärke.

Die Dekonstruktion bisheriger »Wahrheiten« ermöglicht neue Perspektiven auf das Vertraute. Frau S. beginnt damit, auch ein Gespür dafür zu entwickeln, dass sie selbst über Mittel verfügt, die eigene Entwicklung zu steuern, dass sie selbst Wahlmöglichkeiten hat, ihre ursprüngliche Sicht auf den Schüler Felix und ihre eigenen Neidgefühle aufrecht zu erhalten oder mehr auf eigene Stärken zu setzen.

Abschließend resümiert Frau S.: Sie habe ursprünglich wissen wollen, wie sie auf das in ihren Augen schwierige Verhalten von Felix reagieren könne. Nun sei in ihren Augen Felix inzwischen »geschrumpft«; sie würde für ihn immer noch einen roten Bauklotz aussuchen, aber einen in der Größe seiner Mitschüler*innen. Besondere Verhaltensweisen ihm gegenüber müsste sie sich jetzt nicht mehr überlegen. Ihre »normalen« Kompetenzen im Umgang mit Schüler*innen würden jetzt wohl ausreichen.

Offenbar hat der Blick von außen, die Erweiterung ihrer Perspektiven, das Sortieren ihrer inneren Stimmen und eine neue Bewertung ihrer familiären Herkunft sie wieder ihrer eigenen professionellen Ressourcen versichert, sodass sie sichtlich keine konkreten Handlungsanweisungen mehr braucht. Durch den zirkulären Supervisionsprozess muss die eingangs gestellte Frage nicht mehr beantwortet werden; sie hat sich vielmehr in ihrer ursprünglichen Dringlichkeit im Verlauf der Supervision aufgelöst.

2.2 Theoriebezug: Kontextualisierung und Reframing

Wirklichkeit wird, → konstruktivistisch gedacht, durch Wahrnehmung und Denken erst erzeugt und nicht als Abbild einer vorhandenen äußeren Realität verstanden. Von Glasersfeld (1978) spricht von Wissenstheorie und nicht von Erkenntnistheorie, weil das Wort »Erkenntnis« fälschlicher Weise nahelege, dass eine unabhängige Welt außerhalb des kognitiven Organismus widergespiegelt, also erkannt werden könnte.

> »Das [...], was wir als bewusste Wahrnehmung erleben, [sind] nicht die primären Sinneserregungen, sondern die Resultate der Deutung dieser primären Sinneserregungen [...]. Die Wahrnehmungspsychologie zeigt uns, dass das, was wir direkt von der Umwelt wahrzunehmen glauben, das Produkt dieser Deutung ist. [...] [M]an kann experimentell zeigen, dass wir die Welt nicht so sehen, ›wie sie ist‹ [...], sondern so, wie sie das Gehirn – unsere Kognition – aufgrund ihrer früheren Erfahrung in ihrem wahrscheinlichsten Zustand errechnet. Das, was wir als Realität wahrnehmen, ist konstruierte Realität oder ›Wirklichkeit‹« (Roth, 1987, S. 413 f.).

Für Supervisor*in wie Supervisand*in geht es darum, zu verstehen, dass es sich bei ihren jeweiligen Überzeugungen nicht um Tatsachen, sondern um Annahmen handelt (Barthelmess, 2005, S. 131). Daraus ergibt sich die Offenheit, die eigenen Annahmen immer wieder infrage zu stellen. Kriterium dabei ist nicht Wahrheit, sondern Nützlichkeit: Denk- oder Handlungsweisen sind nicht »richtig« oder »falsch«, sondern hilfreich oder nicht hilfreich, → viabel oder nicht.

Ein weiteres Merkmal systemischen Denkens ist die → Kontextualisierung, die im Kontrast zu individuumsbezogenen Arbeitsweisen steht. So sieht man einen Einzelnen immer auch eingebunden in mehrere soziale Systeme wie Familie, Freundeskreis, Kollegium oder Schulklasse. Dort ist er vielen Einflüssen ausgesetzt, auf die er nach seiner je eigenen Weise reagiert. Kontextualisierung heißt dann, Probleme und Fragen im Rahmen des familiären und außerfamiliären

Zusammenhangs zu sehen. Verhaltensweisen, die innerhalb eines sozialen Systems sinnvoll sind, können sich in einem anderen sozialen System als störend oder auffällig erweisen. So sieht sich Frau S. im Supervisionsbeispiel 2.1 (▶ Kap. 2.1) mit einem Jugendlichen konfrontiert, der, liberal erzogen, sie mit seiner lockeren Haltung provoziert. Sie erlebt sich als unflexibel, restriktiv und humorlos und ist darüber selbst unglücklich. Sobald sie sich im Genogramm aber in der Konstellation ihrer Ursprungsfamilie sieht, begreift sie, dass ihr striktes, auf Arbeit ausgerichtetes Verhalten damals sinnvoll und überlebensnotwendig war. Ihre jetzige Haltung als Lehrerin ist nicht Ausdruck einer individuellen unsympathischen Charaktereigenschaft, sondern ist entstanden im Zusammenhang ihrer Geschichte, ihrer Beziehungsstrukturen und Lebensbedingungen.

In engem Zusammenhang mit der Methode der Kontextualisierung steht das → Reframing als weitere wichtige Form systemischer Praxis. Ähnlich wie Kontextualisierung ist Reframing eher eine systemische Haltung als nur eine Intervention (Schlippe/Schweitzer, 2010, S. 76 f.), und zwar eine Haltung, erlebte Realität in konstruktivem Licht zu sehen und damit eine Umdeutung vorzunehmen.

»Wenn wir Realität gemeinsam miteinander erzeugen und der Sinngehalt der wahrgenommenen Realität von der eingenommenen Perspektive abhängt, dann kann man einem Geschehen dadurch einen anderen Sinn geben, dass es in einen anderen Rahmen gestellt wird. Dieselbe Geschichte kann ihren Sinn ändern, wenn man sie in einem anderen Licht erzählt und das Finden konstruktiver Narrative ist das Kerngeschäft systemischer Praxis« (Schlippe/Schweitzer, 2010, S. 76).

Ziel ist es, eine Form der Beschreibung zu finden, die mehr Bewegungsspielräume zulässt.

So ist z. B. die Ansicht, dass eine traumatische Erfahrung in der Vergangenheit bis in die Gegenwart noch mit Leid und Schmerz nachwirkt, zwar legitim, doch sie beschreibt die Möglichkeiten der Betroffenen dadurch als begrenzt und eingeengt. Prüfungen der Vergangenheit kann man dagegen auch als Lernerfahrung beschreiben, die eine besondere Form der Reife mit sich bringen kann.

2.2 Theoriebezug: Kontextualisierung und Reframing

Im Supervisionsbeispiel 2.1 (▶ Kap. 2.1) sieht Frau S. ihre Kindheit als freudlos und von Mangel geprägt. Im Zuge eines Reframings kann sie aber ihre eigentlich ungeliebten Verhaltensweisen aus Kindheit und Jugend auch positiv sehen. Angepasste Frömmigkeit, gehorsamen Fleiß und durch die Situation erzwungenen Mut kann sie jetzt als Ressourcen begreifen, die ihr als reiches Energiepotential zur Verfügung stehen und die sie schon bisher erfolgreich sein ließen.

3

Gruppensupervision

3.1 Gruppensupervision mit Lehrkräften oder: »Perspektivwechsel mit Hüftschwung«

Zur Gruppensupervision treffen sich Lehrer*innen – in der Regel aus unterschiedlichen Schulen – und bringen ihre spezifischen Fragen und Fälle ein, die sie in diesem Rahmen besprechen wollen. Gegenüber der Einzelsupervision hat Gruppensupervision den Vorteil, dass die Gruppe selbst zur wichtigen Ressource im Supervisionsprozess wird:
  Erstens können eingebrachte Fälle in der Gruppe von den anderen Gruppenmitgliedern wahrgenommen und in leicht veränderter Form gespiegelt werden.

Zweitens dient die Gruppe als Resonanzraum, in dem die Fragestellungen unterschiedlich ankommen und wo verschiedene Reaktionen und Lösungswege angesprochen und reflektiert werden können.

Schließlich erfahren die Kolleg*innen in der Gruppe durch ähnliche Erfahrungen der anderen eine wichtige Form kollegialer Solidarität, die dem oft zitierten Einzelkämpfertum von Lehrer*innen entgegenwirkt.

Der hier geschilderte Fall wird von Herrn B. in die Gruppensupervision eingebracht. Die Supervisionsgruppe setzt sich aus Lehrkräften unterschiedlicher Schulen zusammen, die als Beratungslehrer*innen eingesetzt sind. Meist geht es in der Supervision daher um die Beratung von Schüler*innen, Kolleg*innen oder Eltern, die mit einem Anliegen in das Beratungszimmer der jeweiligen Schule kommen. Im hier gezeigten Beispiel thematisiert Herr B. jedoch seine aktuelle Situation als Klassenlehrer:

Fallbeispiel Herr B.
Linus, ein Schüler seiner 8. Klasse, hat einen jüngeren Schüler in der Pause körperlich so drangsaliert, dass dieser mit einem Schleudertrauma ins Krankenhaus kam und jetzt medizinische und psychotherapeutische Hilfe in Anspruch nehmen muss. Am Tag nach der Supervision wird die Erziehungskonferenz stattfinden, bei der die Strafe und weitere Maßnahmen beschlossen werden sollen, und zwar auch, ob der Schüler an der unmittelbar bevorstehenden Ski-Klassenfahrt teilnehmen darf. Herr B. ist nicht nur Klassenlehrer, sondern auch Mitglied der anstehenden Erziehungskonferenz. Unter den Eltern der Klasse laufen die Telefone heiß; die Sorge im Blick auf die Klassenfahrt und auf das weitere Zusammenleben in der Klasse ist groß. Die Eltern des »Täters« finden die Reaktion der Schulleitung und der anderen Eltern schon im Vorfeld übertrieben. Die Elternpflegschaftsvertreter wollen sofort einen Termin bei Herrn B., noch am nächsten Morgen, bevor der Disziplinarausschuss tagt.

Herr B. erlebt sich inmitten eines aufgeregten Chaos, in dem er kaum mehr erkennt, wie er den Anforderungen gerecht werden soll: Die Eltern des »Täters« wollen mehr Verständnis für ihren Sohn und deutliche Parteinahme für ihn. Die Eltern der übrigen Schüler*innen wünschen schnelles und härteres Durchgreifen und möchten verhindern, dass Linus an der Klassenfahrt teilnimmt. Viele Eltern bedrängen den Lehrer in E-Mails und Telefonanrufen. Gleichzeitig wird Herr B. als Vertreter des Kollegiums in der Erziehungskonferenz zur Höhe und Art der Strafe Stellung beziehen müssen. Was auch immer an Maßnahmen gegenüber dem Schüler beschlossen wird, dürfte anschließend maßgeblich unter seiner Regie als Klassenlehrer zu realisieren sein. Als Beratungslehrer fühlt er sich zudem dafür verantwortlich, dem in Turbulenzen geratenen Linus beizustehen und später dafür zu sorgen, dass er wieder akzeptiertes Mitglied der Klassengemeinschaft wird.

Auf die Frage, welches Ergebnis der Supervision er sich wünsche, will er größere Klarheit, was er tun soll. Er stimmt zu, die Situation mithilfe einer → Aufstellung näher zu betrachten und auf diese Weise vielleicht zu passenden Handlungsoptionen zu gelangen.

Systemische Strukturaufstellungen ermöglichen, ein komplexes Thema umfassend sichtbar zu machen. Wichtige Personen, innere Anteile eines Menschen, Wünsche, Ziele, Aufgaben und andere Elemente einer Fragestellung werden von den Ratsuchenden durch Stellvertreter*innen bzw. Repräsentant*innen aus der Gruppe im Raum positioniert. Durch Blickrichtung und Abstand voneinander wird sichtbar gemacht, welche Bedeutung die einzelnen Elemente innerhalb der Situation haben und in welcher Weise sie sich aufeinander beziehen. Mithilfe der räumlichen Darstellung ist es möglich, den gegenwärtigen Zustand eines Systems aus der Sicht der Ratsuchenden zu sehen und zu erleben. Durch die Wahrnehmung des Aufstellungsbildes kann die Situation – jetzt von einem übergeordneten Blickwinkel aus – von außen und als Ganzes gesehen und deshalb anders erfasst werden. Mithilfe von Veränderungen der Aufstellung können darüber hinaus neue Sichtweisen und Handlungsoptionen exploriert werden.

Das aufgestellte Bild zeigt auch, ob im abgebildeten System möglicherweise etwas fehlt und macht so auf ausgeschlossene Themen aufmerksam, die für die Gesamtschau der Situation und für eine Lösung des Problems sinnvoll sein könnten.

Dabei ist festzuhalten, dass → Aufstellungen Bilder aus der inneren Landschaft der Ratsuchenden sind. Es geht nicht um eine allgemein gültige Darstellung einer Situation oder eines Systems. Obwohl also das dargestellte Bild eine höchst individuelle Komposition ist, entwickeln die Repräsentant*innen stellvertretend körperliche Wahrnehmungen und Gefühle, die zum Thema des aufgestellten Systems passen und die den Ratsuchenden oft anregende Informationen liefern. Diese Fähigkeit der »repräsentierende(n) Wahrnehmung« (Varga von Kibéd, 2008, S. 30) ist für die Beteiligten oft überraschend und erstaunlich.

Systemische Aufstellungen ermöglichen es uns also, Modelle, die wir uns von der Welt bilden, als sichtbare Bilder nach außen zu projizieren. Solche äußeren Bilder können unter Anleitung verändert werden. So können die Ratsuchenden einzelnen Repräsentant*innen einen neuen Platz zuweisen oder die Repräsentant*innen können auf Zuruf ihrem eigenen Impuls nach Veränderung folgen. Diese Veränderungen wirken dann wieder zurück auf das System, das ursprünglich aufgestellt wurde: Systemische Strukturaufstellungen simulieren Systeme, um Veränderungsprozesse einzuleiten und mögliche Auswirkungen zu testen.

Fallbeispiel Herr B.
Herr B. bestimmt zunächst, welche Repräsentant*innen er braucht. Er wählt einen für sich selbst und weitere für Linus, für Linus' Eltern, für die Eltern der anderen Schüler*innen, für die Klasse, für die Co-Klassenlehrerin und einen für die Schulleitung. Nun positioniert Herr B. die Stellvertreter*innen so, wie er sie im Augenblick hinsichtlich ihrer Ausrichtung und ihrer Entfernung zueinander sieht: Neben ihm steht die Co-Klassenlehrerin. In relativ geringem Abstand zu ihm in direkter Konfrontation befindet sich Linus, den Blick auf ihn gerichtet. Hinter Linus seine

Eltern, die über Linus hinweg auf Herrn B. blicken. Halbrechts stehen, etwas weiter entfernt, die Eltern der übrigen Schüler*innen, auch mit Blick auf Herrn B. Zwischen Linus' Eltern und den anderen Eltern, aber weiter weg, befindet sich der Schulleiter, ebenfalls mit Blick auf Herrn B. Und schließlich stehen halb links in einiger Entfernung drei Repräsentant*innen für die Schüler*innen aus der Klasse, auch sie mit Blick auf den Klassenlehrer.

Zusätzlich bitte ich Herrn B., noch seine Aufgabe als Klassenlehrer zu stellen. Er sucht sich eine Repräsentantin für seine Aufgabe und platziert sie halb vor ihm an seiner linken Seite.

Herr B. nimmt selbst nicht als Teil der Aufstellung teil, sondern setzt sich außerhalb des gestellten Bildes, aber mit gutem Blick auf die von ihm gewählten und positionierten Stellvertreter*innen.

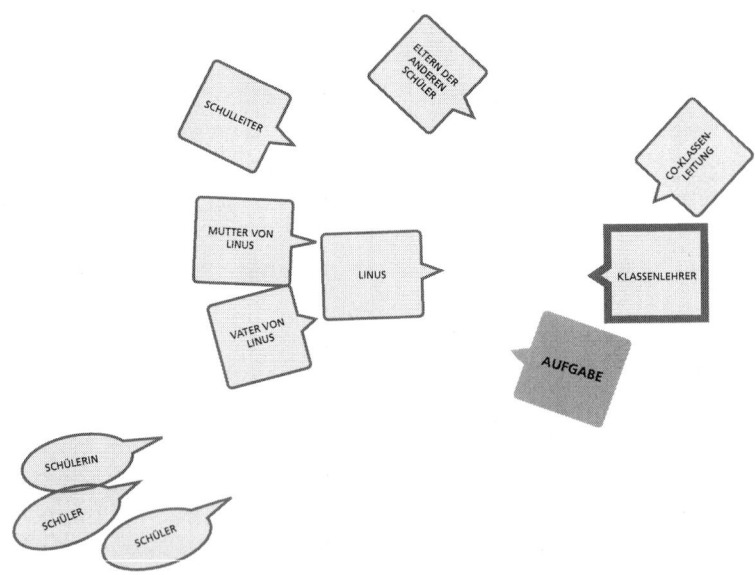

Abb. 3.1.1: Erste systemische Strukturaufstellung des Klassenlehrers Herrn B.

Nun geben die Repräsentant*innen Auskunft darüber, wie es ihnen auf der jeweiligen Position geht.

Repräsentant von Herrn B., dem Klassenlehrer: »Alle schauen auf mich. Linus und seine Eltern machen mir großen Druck. Das ist mir zu viel. Meine Kollegin neben mir spüre ich nicht.« (Sie ist tatsächlich erst kurz im Schuldienst und noch unsicher.)
Linus: »Ich fühle mich sicher. Meine Eltern hinter mir erlebe ich als große Stütze; sie geben mir Halt. Mir kann nichts passieren.«
Eltern der anderen Schüler*innen: »Wir haben das Gefühl, rausgehalten zu werden, hier abgestellt zu sein. Am liebsten würden wir näher kommen, um mitmischen zu können.«
Schulleiter: »Ich stehe hier gut. Ich habe mit Blick auf den Klassenlehrer ein gutes Gefühl, dass der unangenehme Vorfall mit Linus ziemlich geräuschlos gemanagt wird. Ich verlasse mich gerne auf Herrn B. als Klassenlehrer und als erfahrenen Beratungslehrer an der Schule.«
Die Schüler*innen der Klasse: »Wer kümmert sich eigentlich um uns und plant mit uns die Klassenfahrt?«
Die Aufgabe: »Mir ist heiß. Ich fühle mich hier schlecht und möchte weg.«

Der Klassenlehrer findet die Rückmeldungen der Stellvertreter*innen einleuchtend. Dabei fallen ihm neue Aspekte auf: Der Schulleiter – so sieht er es jetzt – hält sich ganz schön raus. Alle scheinen von ihm, dem Klassenlehrer, zu erwarten, dass er die Situation zu einem guten Ergebnis führt, die Elterngruppen jeweils zu Wort kommen lässt und dann besänftigt, Linus angemessen behandelt, dem Schulleiter die unangenehmen Fälle vom Hals schafft und die Klassenfahrt trotz aller Turbulenzen positiv gestaltet. So jedenfalls ist sein inneres Bild, das sichtlich zu einem Gefühl der Überforderung geführt hat.

In einem weiteren Schritt richtet Herr B. an die Repräsentantin der Aufgabe die Frage, ob sie sich als Aufgabe eine für sie angenehmere Position suchen könne. Darauf dreht sich die Aufgabe zu der Klasse hin, geht einen Schritt zurück, sodass sie gleichzeitig den Blick des Klassenlehrers auf die Klasse freigibt. Angeregt durch diese Veränderung löst sich der Repräsentant des Klassenlehrers aus seiner bisherigen Fokussierung auf Linus und seine Eltern, dreht sich nach links, tritt ganz an die Seite der Aufgabe und übernimmt deren Blickrichtung mit den Worten: »Ich mache einfach einen Hüftschwung nach links.«

Ich frage nach, was sich verändert hat.

Die Repräsentantin der Aufgabe fühlt sich leichter, der Repräsentant des Klassenlehrers entschieden wohler. Er habe Linus am Rande seines Gesichtsfeldes immer noch im Blick, könne sich aber jetzt seiner Klasse zuwenden, was ja seine eigentliche Aufgabe sei. Der Druck sei erheblich geringer.

Der Klassenlehrer, Herr B., beobachtet die Veränderungen des von ihm aufgestellten Bildes von außen mit Erleichterung. In einem weiteren Schritt begibt er sich dann selbst noch an »seinen« Platz in der Aufstellung, probiert die ursprüngliche Position und dann – lächelnd – den Hüftschwung aus.

Das Bild vom »Hüftschwung«, angeregt durch das bevorstehende Skifahren, begleitet die nachfolgende Auswertung der Aufstellung. Im Dickicht der sich selbst gestellten oder an ihn herangetragenen Aufgaben schien Herrn B. blockiert. Durch die Lösung seiner bisherigen Fixierung und durch die Bewegung des Hüftschwungs – stellvertretend ausprobiert durch seinen Repräsentanten – kann er seine Blickrichtung ändern und seine eigentliche Aufgabe wieder sehen. Dabei findet er jetzt, dass er als Klassenlehrer die restlichen Baustellen weitgehend anderen – z. B. dem Schulleiter – überlassen kann. Und er wird – beim Skifahren mit den Schüler*innen und danach – lockere Hüftschwünge machen ...

In dieser Aufstellung wurden verschiedene Blickrichtungen und somit Perspektiven durch die Repräsentant*innen sichtbar gemacht. Aus dem Bild der Aufstellung selbst hat sich dann der Begriff des »Hüftschwungs« ergeben, eine Metapher, die im Supervisionsprozess selbst zunächst einmal Heiterkeit und Lockerheit gebracht hat. Darüber hinaus kann man dieser Metapher weitergehenden

3.1 Gruppensupervision mit Lehrkräften

Symbolwert bescheinigen: Die leicht erscheinende, spielerische Bewegung setzt beim Skifahren selbst Übung und Anstrengung voraus. Bevor der Hüftschwung nämlich selbstverständlicher Teil der Bewegungsabläufe wird, ist er mit einer bewussten Drehung und Richtungsänderung verbunden, die erlernt und geübt werden muss.

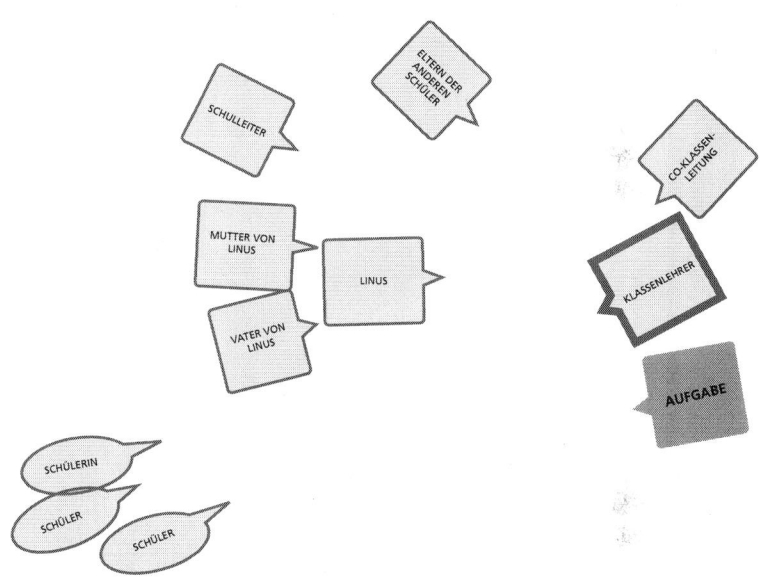

Abb. 3.1.2: Zweite systemische Strukturaufstellung mit veränderten Positionen des Klassenlehrers und der Aufgabe

Der Wert dieses Bildes geht aber noch über seinen Symbolgehalt hinaus: Ein sichtbares Symbol prägt sich mehr ein als ein Wort. Das Bild des Hüftschwungs könnte für die Supervisand*innen somit ständige Anregung und Einladung zu einem Perspektivwechsel werden, zusammen mit der Erfahrung, dass der Wille zur Veränderung zugleich mit Leichtigkeit verbunden sein und Spaß machen kann.

Hier treten die spezifischen Möglichkeiten und Chancen von Gruppensupervision deutlich vor Augen: Ein erfahrener Lehrer gerät in eine Wirklichkeitskonstruktion, die lähmend wirkt. Mithilfe der Aufstellung betrachtet er seine eigene Situation von außen, sieht die vielen an ihn gestellten Anforderungen und kann sie sortieren. Durch den Hüftschwung seines Stellvertreters in der Aufstellung sieht er eine Möglichkeit, seine Perspektive zu ändern und sich wieder auf seine ursprüngliche Aufgabe des Klassenlehrers zu konzentrieren. Ob die Rückmeldungen der Stellvertreter*innen oder die Aktionen – wie hier der Hüftschwung – eine Bedeutung für den aufstellenden Lehrer haben, ist dabei nicht vorherzusagen. Nur was ihm von den an ihn herangetragenen Sicht- oder Verhaltensweisen sinnvoll erscheint, was in seine Konstruktion von Wirklichkeit passt, was → viabel ist, greift er auf.

Anders als in der Einzelsupervision zeigt sich hier, dass die Gruppenmitglieder in der Supervision durch ihren Beitrag als Stellvertreter*innen und Perspektivengeber*innen eine wichtige Ressource darstellen. Gleichzeitig erinnern sich die Gruppenmitglieder ihrerseits – durch ihre Position in der Aufstellung angeregt – an eigene ähnliche Situationen, in denen sie sich überfordert gefühlt haben. Der multiperspektivische Blick in der Aufstellung gibt auch ihnen Anregung für Lösungsmöglichkeiten.

3.2 Theoriebezug: Zirkularität und Autopoiese

→ Zirkularität ist eine Denkweise, die als spiralförmige Suchbewegung möglichst viele Fragerichtungen, Assoziationen, Metaphern und Perspektiven mit einbezieht und ergebnisoffen angelegt ist. In der oben geschilderten Aufstellung (▶ Kap. 3.1) wird dies deutlich, indem alle aufgestellten Repräsentant*innen ihre jeweilige Sicht auf die aufgestellte Situation rückmelden und daraus unerwartet der Impuls des »Hüftschwungs« entsteht. Um das zirkuläre Vorgehen in der

3.2 Theoriebezug: Zirkularität und Autopoiese

Supervision verständlich zu machen und zu begründen, sollen hier einige Aspekte systemischen Denkens verdeutlicht werden:

Das Verhältnis zwischen der Welt der fassbaren Erlebnisse und der ontologischen Wirklichkeit wird in systemischen Ansätzen nicht als Korrespondenz oder Übereinstimmung, sondern als Kompatibilität oder → Viabilität angesehen. Wirklichkeitskonstruktionen verlieren damit ihren Absolutheitsanspruch, sie werden relativiert und eher funktionalistisch betrachtet. In Bildungssettings und damit auch in Supervision geht es nicht um die Suche nach Wahrheit, sondern um Verständigung, indem ein diskursiver Austausch über unterschiedliche Formen der Wirklichkeitskonstruktion stattfindet.

Zentraler Begriff → kybernetischen Denkens ist nach Heinz von Foerster (Foerster/Pörksen, 2008) neben → Zirkularität auch → Selbstreferenzialität: Jede Beobachtung wird von Beobachter*innen gemacht und hat so die Beobachtung der Beobachter*innen im Mittelpunkt. Die Beobachter*innen stehen nicht außerhalb des von ihnen beobachteten Bereichs, sondern sind Teil dessen, was sie beobachten, sind also → selbstreferenziell. Ambivalenzen, Widersprüche und »blinde Flecken« sind Bestandteile subjektiver Welt- und Selbstsichten. Der mit dieser Grundhaltung implizierte, »obligat beschränkte Horizont« (Ciompi, 2005, S. 19 ff.) wird in der Supervision durch eine zirkulär sich bewegende Vielfalt an Sichtweisen »aufgeweicht«, sodass Verständigung und Veränderung möglich werden.

Dass der Mensch im Unterschied zu einer Maschine als → selbstreferenziell gesehen wird, bedeutet auch, dass er von außen nicht instruierbar ist. Der Mensch ist eher als »Möglichkeitswesen« zu verstehen (Ebbecke-Nohlen, 2009, S. 47), das sich auf oft überraschende Weise verhält. Daraus lassen sich zwei ethische Folgerungen für das handelnde Individuum ableiten: Wenn der Mensch selbst der Einzige ist, der entscheidet, wie er handelt, ist er allein für sein Handeln verantwortlich. Außerdem muss er seine eigenen blinden Flecken bedenken, Aussagen über die Welt als eigene Konstruktion begreifen und Gewissheiten bezweifeln. Foersters → ethischer Imperativ »Handle stets so, dass weitere Möglichkeiten entstehen« (Foerster, 1985, S. 60) gibt einen wichtigen Impuls auch für Beratungssituationen. Für die systemisch verstandene Supervision bedeuten Foersters Thesen, dass alle Aussagen, die wir als Beobachter*in aus unserer je eigenen Perspektive machen, subjektiv zu verstehen sind. Alle an der Beratung Beteiligten sollten sich von der Vorstellung verabschieden, dass es eine einzige oder eine richtige Lösung gibt. Stattdessen werden für die Supervisand*innen eine Vielzahl von Möglichkeiten sichtbar gemacht, aus denen sie die für sie passende Lösung auswählen. Systemisch orientierte Supervision kann so eine »Praxis der Möglichkeiten« (Ebbecke-Nohlen, 2009, S. 49) werden. Weil dort viele Positionen nebeneinandergestellt werden, verhindert sie vorschnelle Sicherheit und lädt zu immer neuen Sichtweisen ein.

Die → Autopoiesetheorie, formuliert von den Neurobiologen Maturana und Varela (Maturana/Varela, 1987), sieht lebende Systeme als autopoietische, d. h. sich selbst erzeugende und sich selbst organisierende Einheiten. Aufgrund von Beobachtungen an Vögeln haben Maturana und Varela festgestellt, dass lebende Systeme dieselben Ereignisse unterschiedlich aufnehmen und verarbeiten. Lebende Systeme sind demnach operational geschlossen, sodass sie nur das aufgreifen können, was sich in ihren eigenen operationalen Code fügt. Dies macht sie autonom gegenüber ihrer Umwelt, zeigt aber auch die Begrenzung externer Einflussnahme. Die Umwelt kann lediglich anstoßen, anregen oder verstören, aber keine vorhersehbare Strukturveränderung im System bewirken. Veränderungen im System werden vom System selbst entsprechend seiner autopoietischen Organisation vorgenommen durch Produktion, Transformation oder Destruktion einzelner Bestandteile. Auch Erkennen ist autopoietischer Prozess. Wir hören, was wir hören, und das ist nicht unbedingt identisch mit dem, was ein anderer sagt oder meint. Als autopoietisches System gesehen ist demnach das Gehirn nicht weltoffen und man kann auch nicht annehmen, dass die menschlichen Sinnesorgane die Welt nach innen abbilden. Vielmehr ist anzunehmen, dass das Gehirn alle Bewertungs- und Bedeutungskriterien aus sich selbst heraus entwickelt. Dabei ist ein System konservativ, d. h., es will wiederholen, was einmal funktioniert hat.

Für eine systemisch verstandene Supervision bedeutet die Idee der Autopoiese, dass Menschen als autonom und selbstorganisiert gesehen werden. Supervisor*innen und Gruppenmitglieder dürfen nicht erwarten, dass ihre Beiträge unmittelbare Auswirkungen auf die Supervisand*innen haben. Ideen von außen werden von Ratsuchenden nur dann übernommen, wenn sie anschlussfähig, also viabel sind. So können in der Supervision durch Anregungen aus der Gruppe und allfällige Hinweise der Supervisor*innen lediglich überkommene Muster verstört oder Anstöße für Lösungsfindungen gegeben werden; beeinflussen im Sinn einer trivialen Maschine kann man den Menschen demnach aber nicht (Ebbecke-Nohlen, 2009, S. 50).

Auch Wissen lässt sich nicht im Sinne des Nürnberger Trichters vermitteln: »Wissen wird nicht passiv durch die Sinne oder durch Kommunikation erworben, sondern es wird aktiv durch das erkennende Subjekt aufgebaut« (Foerster/Pörksen, 2008, S. 70). Der Lernende erarbeitet auf nicht vorhersagbare Weise sein Wissen selbst in einem kreativen Akt. Deshalb steht beim Erwerb von Wissen das Lernenlernen im Mittelpunkt. Dieses benötigt eine Atmosphäre, die einem kreativen Prozess angemessen und förderlich ist. Für die Supervision ergibt sich daraus, dass eine angenehme Atmosphäre für kreatives Arbeiten hergestellt werden sollte. Dazu gehört auch Wertschätzung unter den Teilnehmer*innen. Außerdem ist es für so verstandenes Lernen hilfreich, den Raum für Lösungen möglichst lange offenzuhalten oder noch zu erweitern, indem ungewöhnliche oder auch provozierende und irritierende Fragen gestellt werden dürfen. Anschlussfähigkeit und Praktikabilität sind Kriterien für eine gute Lösung des eingebrachten Falles.

Oft sind die Erwartungen an die Supervision unrealistisch hoch und messen sich an Idealvorstellungen. → Viabel ist eine Lösung dann, wenn die Supervisand*innen eine Vorstellung von einem passenden Lösungsweg und den ersten konkreten Schritten bekommen haben. Das Wissen um die Autonomie der Supervisand*innen – auch beim Lernen und Begreifen – kann Supervisor*innen und Gruppenmitglieder dabei entlasten.

Supervisor*innen übernehmen im Lernsetting der Supervision die Aufgabe, unterschiedliche Positionen, Meinungen und Sichtweisen der Verhandlung und Überprüfung zugänglich zu machen. Dabei werden Standpunkte hinterfragt und Folgen des Handelns und Nicht-Handelns bedacht. Um Möglichkeitsräume zu erkunden und Suchbewegungen im Hinblick auf ein Thema anzuregen, erweist sich Perspektivenvielfalt in theoretischer wie auch methodischer Hinsicht als besondere Form supervisorischer Expertise. Je nachdem, welche Perspektive in der Beobachtung eingenommen wird, emergiert ein Thema unterschiedlich. Es ist insbesondere diese Varianz im methodischen Zugang und Arbeitsstil, welche sich in systemischer Supervision als Hilfe im Umgang mit der Vielschichtigkeit der thematischen Anfragen erweist (Rappe-Giesecke, 2003, S. 169 ff.). Die Aufgabe von Supervision liegt in der Sicherung der Pluralität von Wirklichkeitskonstruktionen, in welcher alle Beteiligten ihre Sichtweisen und Anliegen diskursiv zur Geltung bringen.

Dabei wird zwischen der Verantwortung für den Supervisionsprozess und der Verantwortung für inhaltliche Lösungen unterschieden. Bezogen auf die inhaltlich-thematischen Fragestellungen wird von Supervisor*innen eine Haltung der Allparteilichkeit gefordert. Sie stellen sich als Teil der Lernumgebung zur Verfügung, um Reflexion in Gang zu setzen und in Gang zu halten. Was als Lernergebnis daraus hervorgeht, wird aus konstruktivistischer Sicht von den Lernenden selbst mit Bezug auf den Handlungszusammenhang bestimmt (Ebbecke-Nohlen, 2009, S. 85 ff.). Die Positionierung von Supervisor*innen hinsichtlich einer Thematik wird dabei nicht grundsätzlich ausgeschlossen, wenn die neugierig-fragende Grundhaltung in der kooperativ gestalteten Arbeitsbeziehung beibehalten werden kann. Eine Falsifikation aufgestellter Hypothesen sollte stets möglich sein.

4

Supervision im Ausbildungskontext

4.1 Supervision mit Studierenden oder: »Ich wusste schon immer, dass ich was in Richtung Pädagogik machen werde. Nun studiere ich auf Lehramt.«

An das (inzwischen) etablierte semesterlange Praktikum im Lehramtsstudium und an die ersten schulischen Erfahrungen werden von Studierenden meist hohe Erwartungen geknüpft. Die Studierenden steigen demnach positiv in das Praktikum ein und wirken zunehmend ernüchtert angesichts der hohen Anforderungen, nicht nur an Unterrichtsgestaltung, sondern auch an soziale Fähigkeiten im

4 Supervision im Ausbildungskontext

Umgang mit dem breiten Spektrum von Schüler*innen, Lehrkräften, Lernbegleiter*innen, Schulleitungen und Eltern. Studierende supervisorisch dabei zu unterstützen, eine den Gegebenheiten der Praxis gemäße, gesundheitsbewusste und gleichwohl erfolgsorientierte Haltung zu entwickeln, ist ein wichtiger Bestandteil der Praktikumsbegleitung seitens der Hochschulen.

Im Zusammenhang mit dem Praxissemester werden von den Universitäten daher oft praxisbegleitende Veranstaltungen mit Supervisionscharakter angeboten. Häufig erhalten hier Supervisor*innen entsprechende Lehraufträge. In den Seminaren steht die Reflexion schulischer Zusammenhänge im Vordergrund. Einschränkend muss hier gesagt werden, dass aufgrund der Ausbildungssituation von Studierenden und der mitschwingenden Bewertung von Seminarleistungen hier auch Unterschiede zur Supervision vorliegen; insbesondere ist hier die fehlende Freiwilligkeit der Teilnahme als Besonderheit einzubeziehen.

Studierende beschäftigen sich während und zwischen den Supervisionssitzungen mit den eigenen Vorstellungen über den Lehrer*innenberuf sowie mit den je spezifischen eigenen Ressourcen und Fragestellungen. Über die in den Supervisionssitzungen erarbeiteten Anregungen zur Ausgestaltung des Berufsalltags und Lösungen zu konkreten Fragestellungen der Studierenden sollen die Supervisand*innen dazu befähigt werden Problemlösefähigkeiten zu erwerben, die sie zur selbständigen Lösungsfindung in problematischen (beruflichen) Situationen einsetzen können.

Häufig wird im Rahmen der Praxisbegleitung die Portfolioarbeit eingesetzt. Hier reflektieren die Studierenden individuell in einem beruflichen Tagebuch ihre Entwicklungsprozesse, archivieren für sie relevantes Material und erhalten methodische Anregungen zur Reflexion. Die Erfordernisse der Portfolioarbeit lassen sich sinnvoll mit der supervisorischen Begleitung verbinden, beispielsweise wenn Studierende ihre Berufswahl begründen und die eigenen Motive in den Blick nehmen. Hieraus stammt auch das Zitat aus der Überschrift.

Nachfolgend werden einige methodische Ideen zur Gestaltung von Supervisionssettings in der Praktikumsbegleitung skizziert und im Kapitel 4.2 auf einige Theoriebausteine bezogen (▶ Kap. 4.2).

Skalenarbeit zum Praktikum

Fallbeispiel Studierendengruppe
Die hier beispielhaft skizzierte Studierendengruppe (24 Studierende) befindet sich im Praxissemester. Die Studierenden sind für die Reflexion während der Praxisphase aus unterschiedlichen Lehramtsstudiengängen zusammengefasst, da sie auf diese Weise von der Vielfalt der Erfahrungen an unterschiedlichen Schulen und Schulformen profitieren können. In der Gruppe befinden sich zehn Studierende an Gymnasien, vier an Gesamtschulen, vier an Haupt- bzw. Sekundarschulen und sechs an Grundschulen. Zehn der Studierenden haben einen Schwerpunkt im Studiengang Sonderpädagogik und sind an Schulen tätig, die Schüler*innen mit sonderpädagogischem Unterstützungsbedarf aufnehmen.

Innerhalb der Gruppe wurden bereits im ersten Seminarteil, der hier nicht näher beschrieben wird, lehramtsgemischte Lerngruppen gebildet, die als stabile Kleingruppen zusammenarbeiten. Die hier dargestellte Veranstaltung findet in einem großen Raum mit der Gesamtgruppe statt.

Wir beginnen mit einer Methode aus der systemischen Beratung, der → Skalenarbeit. Hierbei werden die Studierenden mithilfe einer am Boden ausgelegten Skala mit den Zahlen 1 bis 10 (mit den Zahlen beschriftete Moderationskarten) angeregt, den ersten Tag ihres Praktikums einzustufen. Gegensätzlich zur Notenskala gilt hier die 1 als niedrigster Wert, die 10 als höchster Wert. Die Aufgabe lautet:

»Angenommen, Sie würden den ersten Tag des Praktikums mit einem Zahlenwert ausdrücken und die 10 hieße, der erste Tag war spitze, und die 1 hieße, der erste Tag war alles andere als das, also ausgesprochen schrecklich – wo würden Sie sich hinstellen? Stellen Sie sich bitte einmal auf die entsprechende Zahl.«

Zunächst wird der Gesamteindruck von außen kommentiert. Im Beispiel hier verteilten sich die Studierenden zwischen den Skalenwerten 1 und 10, sie deckten also die gesamte Skala ab. Während die äußeren Werte 1 und 10 nur jeweils von einer Person belegt wurden, standen mehrere Studierende auf den Zahlen 3 und 4 sowie auf der 6 und 7.

Die Studierenden werden nun zu ihrer Position interviewt und berichten nacheinander von ihrem ersten Tag im Praktikum. Ich ermutige zunächst die Personen an den äußersten Skalenwerten sich zu äußern.

Die Studentin auf der 10 erzählt: »Mein erster Tag war super. Endlich Praxis. Ich habe mich schon vor Monaten an der Schule beworben, weil ich unbedingt dort mein Praktikum machen wollte, und habe schon im Vorfeld mehrfach dort hospitiert. Ich bin an einer Grundschule mit jahrgangsübergreifenden Lerngruppen. Im Morgenkreis wurde ich vorgestellt, die Kinder waren toll und ich habe mich sofort gut aufgehoben gefühlt.«

Die Studentin auf der 1 erzählt: »Mein erster Tag war ganz schrecklich. Es war überhaupt nicht klar, wohin ich sollte. Ich bin also zum Sekretariat und musste dort über eine Stunde warten, bis ich abgeholt wurde. Die Lehrerin hatte offensichtlich keine Lust auf mich, entschuldigte sich aber für die Verwirrung. Sie wusste nicht einmal, welche Fächer ich studiere. Ich saß dann den Rest des Tages hinten in einer achten Klasse, Doppelstunde Englisch, dann Sport, Bio und Erdkunde. Ich studiere Geschichte und Deutsch.«

(Ich mache mir eine Notiz, dass die Studentin auf der 1 in einer späteren Beratungsphase ihre Situation an der Schule erneut einbringen kann.)

In einem nächsten Impuls wechseln die Studierenden ihren Platz, indem sie nun auf der Skala den aktuellen Status ihres Praktikums ausdrücken. Die Frage dazu lautet:

»Wie erleben Sie ihr Praktikum momentan? Welcher Skalenwert passt dazu, stellen Sie sich bitte darauf.«

Auch hier werden die Studierenden wieder zu ihrer Position befragt. In der Reihenfolge berücksichtige ich zunächst die Verbesserungen (Studierende, die von einem niedrigeren zu einem höheren Skalenwert gewechselt haben), danach die Verschlechterungen (Studierende, die von einem höheren zu einem niedrigeren Skalenwert gewechselt haben). Diejenigen, die unverändert stehen geblieben sind, bringen sich natürlich ebenfalls ein – auf hohen Skalenwerten beim Thema Verbesserung, auf niedrigen Skalenwerten beim Thema Verschlechterung. Auch hieraus lassen sich gegebenenfalls Themen für die später stattfindende Beratungseinheit notieren.

Die Studentin auf der 10 wechselt auf die 8 und berichtet von Schwierigkeiten mit einem Schüler, der kurzerhand als Belastung für die Klasse bezeichnet wird. Hierüber seien sich die beteiligten Lehrkräfte einig, der Schüler sei an der Schule nicht gut aufgehoben. Er habe offensichtlich sonderpädagogischen Unterstützungsbedarf, dieser sei aber an der Schule nicht abgedeckt. Nun müsse man sich mit den Störungen abfinden, obwohl man doch offensichtlich dafür nicht zuständig sei.

(Ich mache mir auch hier eine Notiz, um diesen Aspekt später erneut aufzugreifen.)

Der dritte Impuls auf der Skala betrifft das Sammeln von Ressourcen. Hier werden die Studierenden angeregt, vom jetzigen Standort auf der Skala aus Richtung Null (also unterhalb der 1) zu blicken. Die Aufgabenstellung lautet:

»Sammeln Sie jetzt einmal alle Ressourcen ein, die Sie auf Ihrem Standort hier haben, und die Sie auf der Null nicht hätten. Denn selbst wenn Sie hier nicht auf der 10 stehen, dann unterscheidet Sie auf dem jetzigen Standort etwas von der Null. Was ist das, was hat Sie hierhin gebracht?«

Hier werden soziale Kontakte, die Freude an der Arbeit mit den Kindern/Jugendlichen, aber auch positive Erlebnisse in der Freizeit und Unterstützung durch Freunde und Familie genannt. Die Studentin, die zu Beginn auf Skalenwert 1 stand, war in der zweiten Fragestellung auf die 3 gewandert. Sie nannte in der Frage nach den Ressourcen neben ersten freundlichen Kontakten mit

Schüler*innen und Lehrkräften die eigene positive Einstellung und Motivation:

»Ich bin drangeblieben, schließlich will ich dort etwas lernen. Ich hab einfach gesagt, ich möchte nicht immer hinten sitzen, sondern einen aktiven Part übernehmen. Die Deutschlehrerin hat das dann aufgegriffen, dort darf ich jetzt schon einzelne Unterrichtseinheiten übernehmen.«

Eckengespräche zu Herausforderungen im Praktikum

Eckengespräche bieten in Supervisionsgruppen ein gesprächsanregendes Setting zum Erfahrungsaustausch. In je eine der vier Ecken des Beratungsraumes werden folgende Beratungsthemen ausgelegt und die Studierenden gebeten, in die Ecke zu gehen, in der sie momentan ihre größte Herausforderung im Praktikum verorten würden:

Fallbeispiel Studierendengruppe
Schüler*in: Der Umgang mit einzelnen Schüler*innen oder mit Gruppensituationen im Klassenverbund.
Lehrkraft/Mentor*in: Die (fehlende) Betreuung oder die Zusammenarbeit mit Lehrkräften.
Die eigene Person: Herausforderungen, die sich aus der Vielzahl aktueller Aufgaben ergeben (Zeitmanagement).
Sonstige: Die Zusammenarbeit mit Eltern, Schulleitung oder weitere Herausforderungen.

Die Studierenden tauschen sich in den Ecken miteinander aus und beraten darüber, welche Themen aus den Eckengesprächen in spätere Beratungseinheiten eingebracht werden sollen. Die Beratungsthemen werden auf einzelne Zettel notiert und gesammelt. Sie werden anschließend in Beratungseinheiten ausführlich besprochen.

Die Studentin, die in der Skalenarbeit den »schwierigen Schüler« thematisiert hatte, geht zur Ecke 1 (Probleme mit Schüler*innen). Während des Austausches in der Ecke wird ihre Position im

Hinblick auf die Frage, inwiefern der Schüler »an der Schule falsch sei«, heftig diskutiert. Unter dem Stichwort Inklusion erhält sie Hinweise von anderen Studierenden, wie sich Unterrichtsformen öffnen und Teilhabemöglichkeiten schaffen lassen.

Nach dem Austausch in den Eckengesprächen (ca. 20 Minuten) bilden wir Schwerpunktgruppen rund um relevante Problemthemen. Hierzu ordnen sich die Studierenden zu, indem sie sich als Expert*innen im Hinblick auf Lösungsfindung zu den Themen gruppieren. Nach einer Vorbereitungsphase in den Schwerpunktgruppen mit Texthilfen (ich nutze hier Auszüge aus Löser, 2013, zur Unterstützung des Arbeits- und Sozialverhaltens; Zeitfenster ca. 45 Minuten) bilden wir Fishbowl-Gruppen: In einem Innenkreis sitzen die Studierenden einer Schwerpunktgruppe und besprechen mit mir ihre Lösungen zum Problemthema. Ein Stuhl bleibt frei, sodass Studierende mit weiteren Ideen oder Fragen sich aus dem Außenkreis bei Bedarf beteiligen können. Pro Schwerpunktthema werden 15 Minuten der Seminarzeit genutzt.

Kurze Auflockerung als Einzelarbeitsphase: Ein Bild malen

Das Malen eines Bildes zu einer als positiv bzw. erfolgreich erlebten Praktikumssituation dient insbesondere dazu, sich neben offenen Fragestellungen auch mit den eigenen Ressourcen auseinanderzusetzen. Mit der Konkretisierung einer Szene in Form eines Bildes können von Studierenden die für sie relevanten Merkmale einer Situation herausgefiltert werden. Das Erzählen zu den Bilderszenen kann entweder im Stuhlkreis oder in Kleingruppen erfolgen. Ich empfehle den gesamten Stuhlkreis, da die Studierenden hier in einen intensiven Kontakt mit sich und der Gruppe kommen. Die Aufgabenstellung lautet:

Fallbeispiel Studierendengruppe

»Welche meiner Erlebnisse im Praktikum möchte ich besonders würdigen? Halten Sie dies in einem Bild fest – Sie können gerne Metaphern oder Symbole einsetzen.«

Inneres Team/Fallberatung

Fallbeispiel Studierendengruppe

Eine Studentin im Praktikum an einer weiterführenden Schule nennt im Eckengespräch (3. Ecke: eigene Person) als drängendes Thema ihr eigenes Auftreten in der Klasse. Sie unterstellt sich selbst mangelnde Autorität, die Schüler*innen würden sich in ihrer Anwesenheit undiszipliniert verhalten, ihren Anweisungen nicht folgen und sie würde sich große Sorgen um ihre Zukunft als Lehrerin machen.

Um die Ausgangslage der Studierenden genauer zu erkunden, wird die Methode des »Inneren Teams« gewählt. Wir arbeiten im großen Stuhlkreis, optional können Studierende auch parallel in kleinen Arbeitsgruppen eigene Themen besprechen.

Unter meiner Anleitung sammelt die Studentin zunächst innere Rollenanteile (Teammitglieder ihres inneren Teams), die in einer konkret erlebten Situation in der Klasse ihr Denken, Fühlen und Handeln geprägt haben. Folgende innere Teammitglieder werden von ihr identifiziert:

Die Ärgerliche schimpft: »Wie respektlos, dass die Schüler*innen sich mir gegenüber so undiszipliniert verhalten. Können die nicht endlich mal ruhig sein?!«
Die Unterlegene flüstert: »Der Klassenlehrer kann alles viel besser als ich. Das werde ich nie schaffen.«
Die Enttäuschte murmelt: »Ich habe den falschen Beruf gewählt, die Schüler*innen mögen mich nicht.«
Das kleine Kind weint: »Ich will auch gemocht werden.«

Nachdem ausreichend Zeit darauf verwendet wurde, die einzelnen inneren Teammitglieder zu hören und den jeweiligen Gedanken, Gefühlen und Handlungsimpulsen nachzuspüren, wird ein Platz außerhalb der am Boden ausgelegten Moderationskarten eingenommen und der Gesamteindruck eingeholt.

Als Anregung wird nun eingebracht, dass sie auch eine »Erwachsene« oder »Lehrerin« als innere Protagonistin einbeziehen könnte. Auf die Frage, ob und wie sich dieser innere Anteil gerade zu Wort melden würde, sagt sie: »Ja. Die Lehrerin in mir fragt sich, warum ich mich eigentlich gar nicht mit meiner Kollegin kurzgeschlossen habe.«

Das innere Teammitglied »Kollegin« wird auf einer Moderationskarte festgehalten. Im weiteren Erkunden der hinzugekommenen Position stellt die Studentin fest, dass ein gemeinsames Auftreten vor der Klasse und der Hinweis darauf, dass in der Klasse bei beiden Lehrkräften die gleichen Regeln gelten, ihre Autorität in der Klasse stärken würde. Immerhin sei sie ja neu in der Klasse, da würden sicherlich erstmal Grenzen von den Schüler*innen ausgetestet.

Im letzten Teil der Beratung wird erörtert, wie die Studentin im Gespräch mit der Lehrerkollegin das Thema ansprechen könnte.

Erfolgs- und Wachstumsseite

Fallbeispiel Studierendengruppe
Die Studierenden erhalten jeweils eine Moderationskarte. Auf die eine Seite werden Erfolge im Praktikum notiert: »Worauf bin ich stolz? Was konnte ich bisher gut? Was habe ich schon erreicht?«

Auf die andere Seite werden Wachstumsmöglichkeiten notiert: »Welche Aspekte möchte ich für mich weiterentwickeln? Woran möchte ich arbeiten? Was fällt mir noch schwer?«

In Kleingruppen tauschen sich die Studierenden darüber aus und sammeln mithilfe von Anregungen aus der Gruppe Möglichkeiten, wie sie ihre Entwicklungsoptionen auf der Wachstumsseite umsetzen können. Die Gruppen präsentieren ihre Ergebnisse später im Plenum und geben sich darüber gegenseitig weitere Anregungen; ergänzt und konkretisiert werden die Anregungen durch mich.

Aufstellungsarbeit zu zentralen Lebensbereichen

Wie bereits oben in Kapitel 3 dargestellt (▸ Kap. 3), werden in → Aufstellungen zentrale Aspekte eines Themas durch Personen oder Gegenstände repräsentiert. Methoden der systemischen Aufstellungsarbeit bieten viele Ansatzpunkte für Reflexion und ressourcenorientierte Weiterarbeit. Aufstellungen eröffnen neue Sichtweisen auf Zusammenhänge und lassen einen flexiblen Wechsel von Beobachterperspektiven zu. Bei Aufstellungen mit Personen können deren Äußerungen als zusätzliche Informationen für die Ratsuchenden genutzt werden. Auch hier wird die Veränderung von einschränkenden Konstellationen hin zu ressourcenreicheren Handlungszusammenhängen angestrebt (Sparrer, 2004).

Für die Arbeit mit Studierenden in der Praktikumsbegleitung wird vorgeschlagen, folgende fünf zentrale Lebensbereiche in die Aufstellung einzubeziehen: Werte, Körper, soziales Netzwerk, Arbeit und Leistung, materielle Sicherheit. Die Studierenden setzen sich damit auseinander, welchen Stellenwert die einzelnen Bereiche in der aktuellen Situation besitzen und erschließen sich Perspektiven zum Erhalt und zur Verbesserung von Gesundheit und Wohlbefinden.

Fallbeispiel Studierendengruppe

- Werte
  Leitfragen z. B.: »Woran glaube ich? Was ist mir wichtig? Wofür stehe ich ein?«
- Körper
  Leitfragen z. B.: »Wie ist mein Gesundheitszustand? Fühle ich mich wohl in meinem Körper? Wie halte ich mich fit?«
- Soziale Beziehungen
  Leitfragen z. B.: »Welche wichtigen Personen bilden mein soziales Netzwerk? Wer bietet mir Unterstützung? Mit wem fühle ich mich wohl?«

- Arbeit und Leistung
  Leitfragen z. B.: »Welche Fähigkeiten bringe ich für meine Arbeit mit? Erhalte ich genügend Anerkennung für meine Arbeit? Fühle ich mich momentan angemessen gefordert oder eher über-/unterfordert?«
- Materielle Sicherheit
  Leitfragen z. B.: »Welche materiellen Sicherheiten brauche ich? Wie ist meine aktuelle finanzielle Situation? Wie schätze ich meine Zukunftsperspektiven ein?«

Zunächst ist zu entscheiden, wer in der folgenden Arbeitsphase aktiv im inneren Stuhlkreis mitarbeitet und wer Beobachterpositionen im äußeren Stuhlkreis einnimmt. Es bietet sich an, hier mit den stabilen Kleingruppen zu arbeiten, die sich bereits kennen (s. o.). Im inneren Stuhlkreis arbeitet jeweils eine Kleingruppe (4–6 Studierende) mit mir als Supervisorin. Die Studierenden im äußeren Stuhlkreis werden um absolute Ruhe gebeten. Es wird eine Schweigepflicht mit allen Beteiligten vereinbart.

Im inneren Stuhlkreis wird der Ablauf kurz erklärt und die Methode erläutert. Die Studierenden stehen der Arbeitsweise meist interessiert gegenüber. Manchmal gibt es Erfahrungen mit Familienaufstellungen – hier sollte auf die Unterscheidung zum therapeutischen Setting hingewiesen werden. Kritischen und skeptischen Nachfragen sollte genügend Zeit eingeräumt werden. Dann wird um Fallgeber*innen gebeten und entschieden, wer seine Situation aufstellt.

Die aufstellende Person wählt aus der Gesamtgruppe für jeden der fünf Bereiche eine Person aus. Die Personen werden von ihr nacheinander in ein Standbild gestellt, d. h. in eine Position und Körperhaltung (ohne Mimik) gebracht, welche den Bereich in der aktuellen Lebenssituation repräsentiert. Beispielsweise kann ein Bereich gebeugt stehen oder mit ausgebreiteten Armen. Ich beobachte als Seminarleitung insbesondere, in welcher Reihenfolge aufgestellt wird und wie die Bereiche zueinander positioniert werden. Beispielsweise kann ein Bereich sich als zentral erweisen und den deutlichen Mittelpunkt des Standbildes bilden oder ein Bereich eher abseits gestellt werden.

Die*der Fallgeber*in kommentiert das aufgestellte Standbild zunächst so, wie sie*er sich es während der Aufstellung der Positionen überlegt hatte. Bereits mit der ersten Phase der Aufstellung kommt es mitunter zu neuen Erkenntnissen, über die gesprochen werden kann. In der Weiterarbeit geht es darum, eine mehrdimensionale Sicht auf den Themenkomplex zu erhalten. Zunächst werden dazu die aufgestellten Personen zu ihrer Situation in der Aufstellung befragt: »Wie geht es Ihnen jetzt? Ist Ihnen im Prozess des Aufgestellt-werdens etwas aufgefallen?«

Die Befragung wird von mir moderiert und strukturiert. Es wird darauf geachtet, der*dem Fallgeber*in die Gelegenheit zu geben, sich zu dem Gehörten jeweils zu äußern.

Nun folgt der zentrale Teil der Arbeitsphase: Die*der Fallgeber*in erhält die Möglichkeit, einzelne Positionen im Standbild so zu verändern, dass geschwächte Positionen gestärkt werden. Wird die Aufgabe als zu schwierig erlebt, kann alternativ die aufgestellte Gruppe gebeten werden, auf das Signal eines Händeklatschens hin eine Veränderung der Position vorzunehmen, welche eine Verbesserung darstellt. Die Veränderungen werden von den aufgestellten Personen wiederum kommentiert. Ich stelle ebenfalls Fragen, die der Reflexion und Klärung dienen. Besonderes Augenmerk gilt auch hier den sozialen Ressourcen, aufgestellt durch die Position »soziales Netzwerk«.

Die aufgestellten Personen werden abschließend offiziell aus ihren Positionen entlassen und haben nun die Möglichkeit, sich außerhalb der Aufstellung zu ihrer Befindlichkeit zu äußern. Abschließend fasst die*der Fallgeber*in die Arbeitsergebnisse zusammen und bedankt sich bei den Personen, die mitgearbeitet haben. Alle haben die Möglichkeit, sich im »sharing« zur Fallarbeit zu äußern.

4.2 Theoriebezug: Berufsbiografische Aspekte in der Supervision mit angehenden Lehrkräften

Für die Supervision mit (angehenden) Lehrkräften bilden Grundkenntnisse zu Berufswahl und Motivationslage wichtiges Hintergrundwissen. So lassen sich in der Supervision thematisierte Ermüdungserscheinungen, Enttäuschungen oder Konflikte besser einordnen, wenn die Phänomene mit wissenschaftlichen Erkenntnissen z. B. zur Berufswahl oder zu typischen berufsbiografischen Entwicklungen in Beziehung gesetzt werden können.

Im Hinblick auf den sozial-gesellschaftlichen Status ist zunächst festzustellen, dass Lehramtsstudierende überwiegend aus gehobener sozialer Herkunft stammen und somit zu einer Reproduktion ihres eigenen Sozialstatus tendieren. Darüber hinaus fällt eine überzufällige »Berufsvererbung« auf, d. h., der Beruf der Lehrkraft wurde bereits von einem Elternteil ausgeübt (Rothland, 2014). Damit gehören Lehrkräfte überdurchschnittlich häufig einem gesellschaftlichen Milieu an, in dem Selbstverwirklichung und Selbstbestimmung zentrale Lebensziele darstellen. Ein hiermit verknüpfter Lebensstil zeichnet sich durch Weltoffenheit, umwelt- und gesundheitsbewussten Lebenswandel sowie eine rege Teilhabe am kulturellen Leben aus (Schuhmacher 2000).

Im Hinblick auf persönliche Voraussetzungen wie individuelle Überzeugungen, motivationale Merkmale und selbstregulative Fähigkeiten bildet die in der Überschrift 4.1 zitierte Studentin (»Ich wusste schon immer, dass ich was in Richtung Pädagogik machen werde. Nun studiere ich auf Lehramt.«) ein wissenschaftlich erfasstes Profil von Lehramtsstudierenden ab, die eher positive Voraussetzungen für den Beruf mitbringen. Einerseits gilt der frühe Zeitpunkt der Studienentscheidung als günstiger Einflussfaktor (Eder 2008). Einschränkend ist hier jedoch festzustellen, dass pädagogische Vorerfahrungen, die aus dem Erteilen von Nachhilfeunterricht, dem Trainieren von (Sport-)Gruppen oder dem Betreuen von Hausaufgabenzeiten keinen realistischen Einblick in den Berufsalltag von Lehrkräften liefern und möglicherweise als unrealistische Erwartungen an den Beruf und die eigene Tätigkeit tendenziell enttäuscht werden und dann wiederum eher ungünstige Karriereverläufe einleiten können. Insgesamt lässt sich dennoch ableiten, dass Studierende, die sich erst kurz vor Studienbeginn aus einer Orientierungslosigkeit heraus für einen Lehramtsstudiengang entscheiden oder das Lehramtsstudium im Zuge eines Studienwechsels als zweite Wahl aufnehmen, insgesamt schlechtere Voraussetzungen für den Beruf mitbringen (Rothland, 2014).

Allgemein lässt sich festhalten, dass das »Arbeiten mit Kindern und Jugendlichen« ein Hauptmotiv für die Wahl des Lehramtsstudiums darstellt. »Vielseitigkeit und Abwechslungsreichtum des Berufs« wird in mehreren Befragungen als zweites wichtiges Motiv erhoben, ebenfalls stellt das Motiv »Berufliche Autonomie« (u. a. Handlungs- und Entscheidungsfreiheiten, Gestaltungsmöglichkeiten, Arbeitszeiten) ein wichtiges Kriterium für die Berufswahl dar (Rothland, 2014). Hinsichtlich des Motives im Zusammenhang mit Selbstbestimmung zeigt sich, dass Lehrpersonen, die sich wenig kontrolliert und unter Druck gesetzt fühlten, in höherem Maße auf die Förderung der Selbstbestimmung der Schüler*innen Wert legen als diejenigen, die sich unter externem Druck und Kontrolle (von Seiten der Schulleitung, Eltern etc.) wahrnahmen (Müller, 2010). Dabei scheint die Wahrnehmung des Autonomiegrades, nicht aber zwingend die tatsächlichen Freiheitsgrade (beispielsweise hinsichtlich schuladministrativer oder curricularer Vorgaben), von Bedeutung zu sein (Baumann, 2009).

Emotionen sind wichtige Regulatoren von Motivation, Kognition und Verhalten; insbesondere die Bewältigung negativer Emotionen gilt als eine Basis psychischer Gesundheit. Daher werden »Emotionen im Klassenraum« und die Regulation des Selbstwerts von Lehrkräften in den letzten Jahren vermehrt beforscht (Pekrun/Frenzel, 2009; Egloff, 2009). Die Emotionsforschung legt nahe, dass die Einschätzung der eigenen Handlungs- und Kontrollmöglichkeiten und deren Bewertung Einfluss auf Art und Richtung von Emotionen (sowie Selbstwert oder Motivation) nimmt (Rothermund/Eder, 2011, S. 200). Demnach können

4.2 Theoriebezug: Berufsbiografische Aspekte

unrealistische Erwartungshaltungen eine erklärende Variable für mangelnde Motivation sein – und im Umkehrschluss können über korrigierte Erwartungshaltungen positivere nachträgliche Bewertungen erreicht und möglicherweise das unterrichtliche Handeln gegenüber Schüler*innen verbessert werden.

Die hier kurz skizzierten Zusammenhänge bergen wichtige Hinweise, die in der Supervision mit (angehenden) Lehrkräften nutzbar sind. Zunächst sei hier auf die Bedeutsamkeit gemischter Arbeits- und Lerngruppen hingewiesen. Der Austausch zu aktuellen Fragen in der Gruppe hilft dabei, die eigenen Meinungen zu spezifischen Problemen und Erwartungen an den Beruf mit kontrastierenden Vorstellungen abzugleichen und einen reflektierten Standpunkt zu entwickeln. Wichtig ist hierbei auch, dass in Gruppen kooperiert wird, was sich im Berufsalltag als besonders wichtig erweist. Die Gespräche in den stabilen Kleingruppen werden u. a. mit dem Austausch über die Erfolgs- und Wachstumsseiten individualisiert und von den Studierenden als Entwicklungsimpuls durch Feedback aus den Kleingruppen stets besonders positiv hervorgehoben.

Das Bereitstellen von Angeboten, welche (angehende) Lehrkräfte in deren Autonomiewunsch und der intrinsischen Motivation ansprechen, erscheint in der Supervision mit Lehramtsstudierenden besonders wichtig. Hierzu tragen methodische Bausteine wie das Malen von Bildern und die Reflexion der aktuellen Lebens- und Arbeitssituation z. B. in Aufstellungen oder Skalen konkret bei. Dabei verändern sich u. U. auch die Blickwinkel der Studierenden auf eigene Erwartungen an den Beruf. Nicht zuletzt lässt sich hier der Umgang mit Belastungen des Berufsalltages reflektieren und regulieren.

Eckengespräche und lösungsorientierte Arbeitsphasen wie in der Fishbowl-Gruppe fördern besonders das selbständige Arbeiten und das eigenständige Auffinden von Handlungsmöglichkeiten. Dabei wird am Wunsch nach Gestaltungsmöglichkeiten von Studierenden angeknüpft, beispielsweise durch die Bereitstellung von »Lösungslisten«, wie in der Literaturempfehlung oben erwähnt.

Ressourcenorientierte Methoden wie die oben beispielhaft erläuterte → Skalenarbeit erweisen sich in der Arbeit mit Supervisionsgruppen als wirksam, um, ausgehend von der aktuellen Situation, die eigenen Handlungsmöglichkeiten (wieder) näher zu rücken. Insbesondere der dritte Impuls zu den Ressourcen, die bereits zum Tragen kommen, lässt Supervisand*innen weniger defizitfokussiert auf die aktuelle Situation blicken, sondern gibt ihnen konkrete Möglichkeiten an die Hand, die vorhandenen Aspekte auszugestalten. Sie erleben sich als handlungswirksam und sehen sich in den für sie persönlich wichtigen Entwicklungspotentialen abgeholt. Dadurch verlassen sie nicht zuletzt die als abhängig erlebte Rolle und nutzen zunehmend die Möglichkeit, das eigene Berufsleben (hier: im Praktikum) aktiv mitzugestalten. Dies beinhaltet auch die Möglichkeit, die betreuenden Lehrkräfte in deren Rolle als Ausbilder*innen anzusprechen und sich der Verantwortung gegenüber den Studierenden zu stellen. Das Verlassen der Schüler*innenrolle und das schrittweise Heranführen an die Rolle als Lehrer*in gelingt auch, wie oben dargestellt, über die Arbeit mit dem Inneren Team.

5

Leitungssupervision

5.1 Supervision mit Schulleitungen oder: »Was sollen wir denn noch alles machen! Irgendwann ist mal genug!«

Das folgende Beispiel von Gruppensupervision befasst sich mit Supervision in einem weiteren Sinne. Es geht hier nicht um eine regelmäßig tagende Gruppe, vielmehr bietet die Veranstaltung Schulleiter*innen die Möglichkeit, den gegenwärtigen Entwicklungsstand ihrer Schule im Blick auf Inklusion zu reflektieren und unter Anleitung der*des Supervisor*in und im Austausch mit Kolleg*innen der gleichen Statusgruppe Ideen für die Schulentwicklung zu generieren.

5 Leitungssupervision

Fallbeispiel Schulleiter*innen
Oberthema der Veranstaltung ist Inklusion. Die zur Veranstaltung erschienenen Schulleiter*innen signalisieren beim Thema Verdruss und Müdigkeit bis hin zur Resignation und sehen sich mit großen Widerständen aus dem Kollegium konfrontiert. Zu allen anderen Anforderungen des Schulleiter*innenalltags scheint ihnen diese Aufgabe von der Politik oder der Gesellschaft zusätzlich noch aufoktroyiert worden zu sein. Einer Schulleiterin eines Gymnasiums leuchtet die geforderte Inklusion auch inhaltlich nicht ein. Das Thema verlange ihr zusätzliche Organisation und Zeit in der Auseinandersetzung mit frustrierten Lehrkräften und fordernden Eltern ab. Sie stehe vor kaum lösbaren Fragen: Wie soll sie vermitteln zwischen Lehrkräften aus der Sekundarstufe und aus der Förderschule mit ihren unterschiedlichen pädagogischen Konzepten? Wie soll sie die Eltern beruhigen, dass trotz der Teilnahme eines Schülers mit Downsyndrom das Klassenziel erreicht werden kann? Wie können die Lehrkräfte für Musik und Sport ohne Unterstützung von Förderschul-Kolleg*innen auskommen, wo doch dort der Unterricht mit heterogenen Schülergruppen besonders schwierig erscheint?

Zu Beginn der Veranstaltung bitte ich die Gruppe, heute einer Alternative zum (möglicherweise gewohnten) problemfokussierten Kommunikationsmodus zuzustimmen. So bitte ich um eine lösungszugewandte Haltung und stelle in diesem Zusammenhang folgende Aufgabe, um aus einer »Klagenden Haltung« in den Lösungsfokus zu gelangen: »Bitte suchen Sie aus der aktuellen Situation Beispiele für den wertschätzenden Umgang mit Vielfalt an Ihrer Schule. Sammeln Sie dabei Beispiele nicht nur aus den Klassenräumen, sondern auch aus dem kollegialen Miteinander.«

Diese Aufgabe führt von einem engen Inklusionsverständnis, wie es im Alltag auch an die Schulleiter*innen herangetragen wird, zu einem deutlich erweiterten Begriff von Inklusion. Inklusion wird hier umfassend als wertschätzender Umgang mit Vielfalt begriffen. Die positiven Beispiele aus anderen Bereichen des Schullebens – also beispielsweise der Umgang mit Mädchen oder Jungen, mit der bestehenden Altersheterogenität im Kollegium, mit unterschiedlicher Herkunft und unterschiedlichem Familienstand – tragen dazu bei, dass bereits gefundene Lösungen im Umgang mit Vielfalt in das Blickfeld rücken. Diese können für künftige Entwicklungen als richtungsweisend angesehen werden.

So gab es in einer Schule seit zwei Jahrzehnten schon ein Projekt, das die Schüler*innen der Religionskurse in der Oberstufe verpflichtete, unter Anleitung einige Nachmittage mit einer inklusiven Jugendgruppe zu verbringen und gemeinsam Aktionen zu planen und durchzuführen. Anfängliche Vorbehalte, Ängste und Fragen im Blick auf ein Leben z. B. mit Downsyndrom konnten so aus unmittelbarem Erleben heraus thematisiert werden. Nach dem Abitur verbrachten einige Schüler*innen dort ihr soziales Jahr und bekamen wichtige Informationen für Studiengänge oder Ausbildungen.

Beispiele aus anderen Schulen sind eine Initiative der Patenschüler*innen für die Fünftklässler, nun Pat*innen für die Geflüchteten einzusetzen, die nach 2 Jahren am Regelunterricht teilnehmen wollten, es ohne Unterstützung aber nicht schafften. Ein anderes Beispiel stammt aus der Zusammenarbeit dreier Fachkreise – Biologie, Religion und Philosophie – zum Thema Wissenschaft und Glauben. Einige Schüler*innen mit muslimischem und evangelikalem Hintergrund stellten die Evolutionstheorie in Frage. Ein gemeinsames Konzept ermöglichte fächerübergreifend, Wesen und Funktion von mythologischer Rede einerseits und von Naturwissenschaft andererseits zu klären, deutlich zu machen, dass beide ihre Berechtigung haben, aber auch klarzustellen, auf welchen wissenschaftlichen und anthropologischen Prämissen der Unterricht an der Schule erteilt wird. Solche Lösungen bauen Brücken auf dem Weg zur inklusiven Schule, denn als schulspezifische Lösungen zeigen sie Wege auf, wie Vielfalt zu handhaben ist und immer schon bewältigt wird.

Indem der wertschätzende Umgang im schulischen Miteinander thematisiert wird, liegt es für die Teilnehmer*innen nahe, die eigene

Haltung zu Diversität und den eigenen Umgang mit Vielfalt zu hinterfragen. Die Auseinandersetzung damit zeigt allen Teilnehmer*innen den Kontext auf, in dem sie jetzt schon mit Vielfalt umgehen und ihr positiv begegnen. Das wiederum ermöglicht eine Standortbestimmung, die jedem Teilnehmer seinen spezifischen Ansatzpunkt für die Weiterentwicklung einer inklusiven Haltung aufzeigt.

Neben den schon funktionierenden Bausteinen von Inklusion ist es außerdem hilfreich, die inklusive Schul- und Unterrichtsentwicklung an aktuelle Schwerpunkte der allgemeinen Schulentwicklung in einer Schule anzukoppeln. Wenn sich die Kolleg*innen innerhalb einer Schule also in den letzten Jahren verstärkt mit methodischen Formen der Unterrichtsentwicklung befasst haben – hier ist der Anknüpfungspunkt für inklusive Schulentwicklung! Was dort Erfolg hatte, sollte auch auf seine Anwendbarkeit auf Inklusion hin geprüft werden. Es gilt deutlich zu machen: Inklusion ist ein Querschnittsthema und ist kompatibel mit aktuellen Fragen und Antworten der Schulentwicklungsforschung und -praxis.

Fallbeispiel Schulleiter*innen
Als weiterer methodischer Baustein wird in der Schulleiter*innengruppe die Skalenarbeit genutzt, um den Umgang mit Inklusion an der jeweiligen Schule zu thematisieren. Einbezogen werden können sowohl die Wunschvorstellungen aus Sicht der Schulleiter*innen, als auch die Realisierungsmöglichkeiten.

Kurz wird zunächst die Grundlage der → Skalenarbeit erläutert: Skalenarbeit bietet hier die Möglichkeit, sich zu einer Fragestellung mit dem Grad der Zustimmung (10 = hoher Grad der Zustimmung, 1 = geringer Grad der Zustimmung) oder dem Ausmaß (10 = sehr stark, 1 = sehr schwach) zu positionieren. Über die Entscheidung für eine Position auf der Skala wird ein eindeutiger Standpunkt eingenommen und zugleich ein Reflexionsprozess ausgelöst. Bei der Arbeit in Gruppen erhalten die Schulleiter*innen zugleich einen schnappschussartigen Eindruck von der Gesamtgruppe.

5.1 Supervision mit Schulleitungen

Auf dem Boden des Veranstaltungsraumes sind auf Karten die Zahlen von 1 bis 10 ausgelegt. Die Teilnehmer*innen sollen die Skala bis zur 10 entlanggehen. Die 10 steht für die eigene Vision der inklusiven Schule. Dort liegen Bilder aus, die jeweils ein Schulhaus abbilden. Die Teilnehmer*innen wählen ein Bild und tragen darauf die eigene Vision der inklusiven Schule ein. Anschließend bilden die Teilnehmer*innen Paare und tauschen sich zu ihrer Vision der inklusiven Schule aus.

In einem weiteren Arbeitsimpuls begeben sich die Schulleiter*innen auf die Position der Skala, welche die aktuelle Distanz der eigenen Schule von ihrer Vision der inklusiven Schule beschreibt. Wichtig ist dabei der Hinweis auf die weit gefasste Definition von Inklusion. Nachdem sich alle positioniert haben werden einzelne Teilnehmer*innen auf der Skala interviewt. Wichtig ist, die Antworten nicht zu kommentieren, so wird deutlich, dass jeder die Skalenwerte unterschiedlich bemisst.

Abschließend schildern die Teilnehmer*innen ihren Eindruck von der Aufstellungsübung: Einige stellen fest, dass sich – bei jetzt erweitertem Verständnis von Inklusion – schon einige Ansätze von Inklusion an ihrer Schule feststellen lassen.

Um die bisher genannten Wunschvorstellungen noch konkreter werden zu lassen, arbeiten die Teilnehmer*innen nun in Kleingruppen und entwickeln Plakate mit Werbeslogans für ihre Schule als inklusiver Schule.

Arbeitsauftrag: »Erstellen Sie pro Gruppe ein Plakat, auf dem Sie für ihre Schule als inklusive Schule werben. Welche Aspekte, die bereits jetzt an Ihrer Schule umgesetzt werden, möchten Sie herausstellen?«

Die Plakate werden anschließend im Plenum präsentiert. Dabei sollen zusätzlich die folgenden Fragen thematisiert werden:

- »Mithilfe welcher Kriterien können die dargestellten inklusiven Qualitäten gesichert werden?«
- »Wie können die inklusiven Qualitäten der Schule weiterentwickelt werden?«

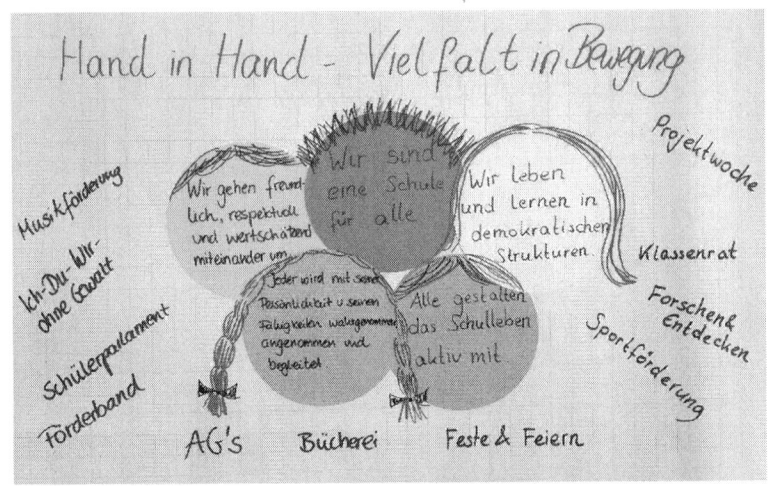

Abb. 5.1.1: In der Gruppensupervision erstelltes Plakat zum Thema Inklusion an einer Schule

In der abschließenden Feedback-Runde betonen die Teilnehmer*innen, dass sie besonders vom Austausch mit den Kolleg*innen der anderen Schulen profitiert hätten, aber auch von der Anregung, den Begriff der Inklusion weiter zu fassen. Sie hätten so wahrnehmen können, dass eine umfassendere Form von Inklusion immer schon in ihrer Schule funktioniert habe. Einige Fragen bleiben unbeantwortet, können aber wohl im persönlichen Austausch diskutiert und gelöst werden. Durch die Arbeit in Kleingruppen haben sich dafür neue Netzwerke gebildet. Ein individuell bedeutsamer und handhabbarer Inklusionsbegriff mit einem damit verbundenen gereiften Verständnis von Inklusion setzt weitere Schritte hin zu Entwicklung der inklusiven Schule.

Das Angebot ist ausführlich in Erbring (2021) beschrieben.

5.2 Theoriebezug: Gesundheitsressourcen in der Supervision

Die Weltgesundheitsorganisation (WHO) bettet den Gesundheitsbegriff in ein bio-psycho-soziales Verständnis des Menschen ein und beschreibt Gesundheit als Zustand des Wohlbefindens – und nicht etwa als die reine Abwesenheit von Krankheit. Dieses Verständnis von Gesundheit im Sinne einer subjektiv gefärbten Beschreibung individuellen Wohlbefindens eröffnet für die supervisorische Beratung vielfältige Möglichkeiten.

Im systemischen Anforderungs-Ressourcen-Modell (siehe auch Nieskens/Rupprecht/Erbring, 2012) wird Gesundheit durch vier sich wechselseitig beeinflussende Aspekte beschrieben. Der individuelle Gesundheitszustand hängt davon ab, wie gut ein Mensch die an ihn gestellten Anforderungen durch die Nutzung interner und externer Ressourcen bewältigen kann. Vier Bereiche – externe Anforderungen, interne Anforderungen, interne Ressourcen, externe Ressourcen – stehen in Beziehung zueinander und beeinflussen sich wechselseitig. So kann eine Lehrkraft beispielsweise mit ihrer Leistung zufrieden sein, auch wenn sie nicht die von anderen Personen (z. B. Schulleitung) formulierten Erwartungen erfüllt. Interne Ressourcen sind Fähigkeiten und Eigenschaften, Überzeugungen (insbesondere Selbstwirksamkeitsüberzeugungen) und physische Voraussetzungen wie Körpermerkmale, Belastbarkeit usw. Eine wichtige externe Ressource ist beispielsweise die erlebte Unterstützung im kollegial-beruflichen Umfeld.

In der schulbezogenen Forschung und Praxis sind in den letzten Jahren jedoch insbesondere die Möglichkeiten sozialer Vernetzung innerhalb von Schulen stärker berücksichtigt worden – denn das soziale Klima an der Schule steht in einem engen Zusammenhang mit der Gesundheit der dort tätigen Lehrkräfte. Insbesondere wenn Lehrkräfte sich durch äußere Anforderungen belastet fühlen, bietet die soziale Unterstützung im Kollegium eine wichtige Ressource.

5 Leitungssupervision

Der Zusammenhang zwischen sozialer Unterstützung im Kollegium und Gesundheit ist vielen Studierenden, Lehrkräften und Schulleitungen nicht bekannt. Deshalb wird die Ressource, welche ein soziales Netzwerk für Lehrer*innengesundheit bietet, häufig nicht ausgeschöpft. Eher im Gegenteil wird häufig versucht, an dieser Stelle Energie einzusparen, und damit Gesundheit und Wohlbefinden zusätzlich beeinträchtigt.

Inmitten der komplexen Anforderungen des pädagogischen Berufsfeldes sollten Lehrkräfte und Schulleitungen wissen, wofür sie sich einsetzen, sollten überzeugt sein von der Wirksamkeit ihrer Arbeit und auf die eigenen Möglichkeiten zur Bewältigung der Anforderungen vertrauen können. Gesundheitsansätze wie beispielsweise das Konzept der Salutogenese konkretisieren die hier genannten Bedarfe. Die Überschriften hierzu lauten Verstehbarkeit, Bedeutsamkeit und Handhabbarkeit und münden in das Gefühl von Kohärenz, also dem Erleben von Stimmigkeit inmitten komplexer Anforderungen (Bundeszentrale für gesundheitliche Aufklärung, 2001; Nieskens u. a., 2012; Erbring, 2021). Insbesondere im Zuge von schulischen Veränderungsprozessen (Einführung G8, Inklusion) fördert → Kohärenz die Einbettung von Veränderungen in einen als stimmig erlebten Gesamtzusammenhang. Mit einem hohen Kohärenzgefühl vertrauen Menschen auf die eigenen Problemlöse- und Gestaltungsmöglichkeiten, neue Situationen werden als weniger bedrohlich erlebt.

Tab. 5.2.1: Kohärenzgefühl

Verstehbarkeit	Ich kann mich orientieren.
Bedeutsamkeit	Ich finde es sinnvoll.
Handhabbarkeit	Ich werde es schaffen.

Mit den genannten Gesundheitsressourcen entsteht das sogenannte Kohärenzgefühl (Antonovsky, 1997). Dieses Gefühl fördert die Einbettung von Veränderungen in einen als stimmig erlebten Gesamt-

5.2 Theoriebezug: Gesundheitsressourcen in der Supervision

zusammenhang. Mit einem hohen Kohärenzgefühl vertrauen Menschen auf die eigenen Problemlöse- und Gestaltungsmöglichkeiten, neue Situationen werden als weniger bedrohlich erlebt.

Insbesondere bei schulischen Veränderungsprozessen kommt es im Kollegium häufig zu Sinnkrisen. Jahrelang wurde ein schulischer Baustein entwickelt, verändert oder vielleicht auch mit kritischem Blick ertragen. Plötzlich tauchen neue Aspekte auf und das bekannte Übel war dann doch leichter anzunehmen als das unbekannte Neue. Hier gilt es, die Bedeutsamkeit einer Thematik in die Aufmerksamkeit zu rücken. Das Erleben von Selbstwirksamkeit gehört zu den wichtigsten Gesundheitsressourcen. Doch nicht immer ist die Selbsteinschätzung eigener Fähigkeiten bei Lehrkräften positiv. Um die Gesundheitsressource der Machbarkeit zu stärken, sind Unterstützungssysteme innerhalb der Einzelschule und in der Region relevant. Wenn Lehrkräfte wissen, an wen sie sich bei Fragen oder Problemen wenden können, dann muss nicht alles selbst gekonnt werden.

Die hier beschriebenen gesundheitsrelevanten Anknüpfungspunkte lassen sich konkret am Beispiel oben verdeutlichen. So gibt die Übung zum wertschätzenden Umgang mit Vielfalt den Beteiligten viele Möglichkeiten, ein kohärentes Erleben zum Thema Inklusion zu entwickeln. Mit dem Anknüpfen an Bisherigem (an der Schule eingesetzter Methodenkanon, Umgang mit anderen Dimensionen von Heterogenität abseits von sonderpädagogischen Unterstützungsbedarfen etc.) stellt sich ein Zusammenhang her und die bislang fragmentarisch umgesetzten Einzelaspekte fügen sich zu einem größeren Ganzen zusammen.

Mit dem Austausch in der gemischten Leitungsgruppe werden Momente und Motivationen angesprochen, die als sinnstiftend erlebt werden und mit fundamentalen pädagogischen Vorstellungen in Verbindung gesetzt werden können. Insbesondere die Skalenarbeit und die Arbeit mit den Werbeplakaten geben sowohl Verstehbarkeit als auch Bedeutsamkeit den erforderlichen Raum und helfen nicht zuletzt dabei, konkrete Gestaltungs- und Entwicklungsmöglichkeiten zur Inklusion an der eigenen Schule zu implementieren.

6

Teamsupervision

6.1 Teamsupervision mit Lehrkräften einer Fachkonferenz oder: »Aus der Sackgasse in den Adlerhorst«

Der Begriff Team stammt aus dem Englischen und bezeichnet ursprünglich ein Gespann z. B. von Ochsen, die zusammen vor einen Pflug gespannt werden, um gemeinsam den Acker zu pflügen. Heute meint der Begriff – im Englischen wie im Deutschen – eine Gruppe von Menschen, die gemeinsam an einer Aufgabe arbeiten. Teamarbeit beschreibt die Zusammenarbeit in einer Gruppe, in der mit den vorhandenen fachlichen und persönlichen Möglichkeiten der Mitglieder und unter Beachtung bestimmter Regeln auf ein gemeinsames Ziel hingearbeitet wird. Dabei ist das Team meist eingebettet in eine größere Institution, deren Aufgabe und Gesamtzielsetzung es sich verpflichtet hat.

Im Unterschied zur Gruppensupervision, bei der Teilnehmer*innen aus verschiedenen Schulen zusammenkommen, hat ein Team – z. B. eine Fachschaft in einer weiterführenden Schule – gemeinsame Aufgaben, die die Teammitglieder zusammen besprechen, organisieren und dann gemeinsam oder arbeitsteilig erledigen. Sie haben außerdem dieselben Vorgesetzten.

Gegenstand von Teamsupervisionen sind oft Fragen und Probleme aus dem Alltag der Lehrer*innen. Noch häufiger als das Besprechen einzelner Fälle wird in Teamsupervisionen aber das gegenseitige kollegiale Verhalten thematisiert, vor allem, wenn bei der Arbeit Konflikte aufgetreten sind. So ist auch die Situation im folgenden Beispiel.

Fallbeispiel Fachkonferenz

Die Supervision findet mit der Fachkonferenz eines Gymnasiums statt (acht Teammitglieder). Bei einem ersten Treffen, an dem alle Teammitglieder teilnehmen, werde ich über die augenblickliche Situation informiert. Es gibt einen Sprecher des Teams, den Vorsitzenden der Fachkonferenz; außerdem steuern andere Teammitglieder in dem Gespräch weitere Aspekte zur Lage des Teams bei. Die Atmosphäre wirkt ratlos und resignativ und der allgemeine Umgangston ist verhalten und vorsichtig.

Die Mitglieder der Fachkonferenz berichten, dass die Kommunikation untereinander massiv gestört sei. Zur Krise beigetragen habe der Weggang eines Kollegen ihrer Fachkonferenz. Dieser sei nach der Auffassung einiger Kolleg*innen gemobbt worden, sodass ihm nur die Flucht nach vorne geblieben sei; nach Ansicht der anderen Kolleg*innen habe er sich tatsächlich so unpädagogisch verhalten, dass ein Verbleib an der Schule nicht wünschenswert gewesen sei.

Im Kollegium ständen nun nach wie vor einige auf dessen Seite und bedauerten zutiefst, dass dieser wichtige Kollege und Freund nicht mehr da ist. Der andere Teil des Kollegiums sei erleichtert und sehe nur so das pädagogische Konzept der Schule gewahrt.

Dieser Riss gehe auch mitten durch die Fachkonferenz, besonders auch deshalb, weil der ausgeschiedene Kollege Mitglied der Fachkonferenz gewesen sei und einige aus der Gruppe mit ihm befreundet gewesen seien.

Wir beschließen einen → Kontrakt und vereinbaren sieben Sitzungen à 2 Stunden. Die Schulleitung unterstützt und bezahlt die Supervision. Die ersten beiden Treffen finden im 14-tägigen Abstand, die weiteren alle vier Wochen statt, soweit sich der Bedarf nicht aktuell verändert.

Ich vereinbare außerdem ein zusätzliches Kontraktgespräch zusammen mit der Schulleitung und Mitgliedern der Fachkonferenz. Darin soll geklärt werden, ob und wie weit die Schulleitung – immer in Absprache mit dem Team – über die Anwesenheit der Teammitglieder und die Themen in der Supervision informiert werden soll. In der Regel begrüßt die in der Teamsupervision nicht anwesende Schulleitung einen klaren Dreieckskontrakt zwischen Supervisor*in, Team und Schulleitung: Transparenz schafft Vertrauen. Gleichzeitig gibt der Dreieckskontrakt den Teammitgliedern einen sicheren und geschützten Raum, in dem sie sich offen austauschen können.

Gerade in Teamsupervisionen ist die Vertraulichkeitsvereinbarung wichtig. Diese bezieht sich in der Teamsupervision allerdings nur auf persönliche, nicht auf strukturelle Themen. Sind strukturelle Seiten der Schule insgesamt Teil eines in der Supervision genannten Problems, müssen andere Ebenen mit einbezogen werden. »Gäbe es von Team und Supervisor zu den hierarchisch Verantwortlichen eine Schweigepflicht über wesentliche institutionelle Belange, würde das Team als wichtiges Subsystem von der institutionellen Gesamtdynamik abgekoppelt werden« (Pühl, 2009, S. 172). In dem folgenden Fall werden deshalb z. B. die persönlichen Verletzungen einzelner und der Austausch darüber unter die Schweigepflicht fallen; die Frage einer Bewertung des Falles und die Suche nach Lösungen im gesamten Kollegium sind aber zusammen mit der Schulleitung zu klären.

Fallbeispiel Fachkonferenz

Erste Supervisionssitzung

Zunächst geht es um Erwartungen der Teilnehmer*innen: »Was soll sich nach den sieben Terminen verändert haben?« Die Teilnehmer*innen notieren ihre persönlichen Ziele auf Kärtchen.

Mehrheitlich wird der Wunsch geäußert, dass alle wieder mit allen sprechen können; zwei wünschen sich ein Stück von der früheren Selbstverständlichkeit im Umgang zurück; eine schreibt, sie wolle sich morgens wieder auf die Schule freuen können; eine ist entsetzt über den tiefen Graben, der sich durch die Fachschaft ziehe und will besser verstehen, was passiert ist.

Auf meine Anregung hin legen die Teilnehmer*innen fest, nach vier Sitzungen in einer Zwischenauswertung zu überprüfen, ob und wie weit sie ihren Zielen näher gekommen sind.

Da die Kommunikation in der Gruppe erklärtermaßen schwierig ist, scheint zunächst eine Übung angebracht, die noch ohne direkten Austausch unter den Teilnehmer*innen auskommt. Sie sollen ein Bild malen zum Thema: »Unser Team als Dorf«.

Die Teilnehmer*innen malen ihre Fachschaft als Dorf. Dies soll den Teilnehmer*innen auf kreative Weise einen Einblick geben, wie sie sich selbst im Verhältnis zu den anderen und zu ihrer gemeinsamen Arbeit sehen, aber auch wie sie diesbezüglich von den anderen eingeschätzt werden. Zugleich erhalte ich dadurch wichtige Informationen.

Die fertig gemalten Bilder werden auf dem Boden vor den Plätzen der Teilnehmer*innen abgelegt und werden bei einem Rundgang gegenseitig besichtigt. Danach können sie einzeln vorgestellt werden. Da alle daran interessiert sind, ihr Bild näher zu erläutern und Fragen zuzulassen, nimmt dies auch den Raum der nächsten Sitzung ein.

Die Lehrerin der hier abgebildeten Zeichnung sieht einen dunklen trennenden Weg, der das Dorf in zwei Teile »schneide«. Vorne in der Mitte stehe das leere Haus des Kollegen, der die Schule verlassen hat. Rechts vorne zwei Häuser von Kollegen, die mit dem abgegangenen Kollegen eng verbunden gewesen seien. Vorne links sei ihr eigenes Zelt, sie verstehe sich nicht mehr als festen Teil der Häusergemeinschaft. Sie wohne wie eine Nomadin im Zelt und ziehe in Erwägung, das Dorf zu verlassen und ihr Zelt an einem anderen Ort wieder aufzuschlagen. Jenseits des dunklen Weges sieht sie drei der Kollegen, die – aus ihrer Sicht – durch familiäre gegenseitige Kontakte eng verbunden seien. Eine Kollegin wohne auf einem kleinen Hügel ganz für sich, und rechts am Rand ist das Haus eines jungen Kollegen platziert, der erst noch in die Dorfgemeinschaft hineinwachsen müsse.

Abb. 6.1.1: Bild einer Supervisandin zum Thema »Unser Team als Dorf«

Die Resonanz auf die Zeichnung und die Erläuterung ist unterschiedlich. Vorherrschend sind Staunen bis zum Erschrecken, dass die Kollegin sich nicht mehr zugehörig und auf dem Absprung sieht. Die beiden Kollegen in den Häusern rechts vorne im Bild fühlen sich selbst nicht im Windschatten des abgegangenen Kollegen und vermissen eine Darstellung mit eigenem Profil. Die drei Bewohner der Reihenhäuser nehmen für sich in Anspruch, dass sie zwar miteinander in Verbindung ständen, dass sie sich aber nicht so eng verbunden und gleichgeschaltet sähen wie auf dem Bild. Auch die Kollegin auf dem Hügel hat Rückfragen an die Kollegin. Es entsteht ein reger Austausch über die differierenden Sichtweisen der eigenen Position im Team.

Am Ende der Sitzung stellen die Teilnehmer*innen fest:

- »Ich bin entsetzt, dass eine von uns nicht mehr zum Team gehören will.«
- »Die Distanz bleibt, aber ich konnte sie benennen.«
- »Ich fühle mich wieder ernst genommen.«
- »Ich finde das Ganze nicht so dramatisch, kann jetzt aber eher nachvollziehen, dass das sehr unterschiedlich erlebt wird.«
- »Für mich bleibt die Frage, wie wir aus dieser Sackgasse wieder herauskommen.«
- »Es trennen uns Welten.«
- »Ich nehme mit, dass wir uns in Ruhe und Offenheit austauschen konnten.«
- »Ich bin neugierig auf die Auswertung der anderen Zeichnungen.«

Zweite Supervisionssitzung

In der zweiten Supervisionssitzung stellen die übrigen Teammitglieder ihre Bilder vor. Deutlich wird, wie unterschiedlich die einzelnen gesehen werden und deren Stellung in der Gruppe bewertet wird. Es bleiben differierende Auffassungen. Durch den multiperspektivischen Blick auf das Team scheint es aber eher möglich zu sein, ohne spontane Entrüstung andere Ansichten zur Kenntnis zu nehmen und dann auch auszuhalten.

Dritte Supervisionssitzung
Der bisherige Verlauf hat u. a. gezeigt, dass der ausgeschiedene Kollege zwar nicht mehr körperlich, wohl aber in anderer Form noch in der Gruppe präsent ist.

Der Kollege wird in die Mitte des Raumes auf einen leeren Stuhl »gesetzt« und die Teilnehmer*innen können sich noch einmal direkt an ihn wenden. Sie positionieren sich in einer für sie passenden Entfernung und Haltung zu ihm. Um die Zeit der gemeinsamen Arbeit mit ihm abschließen zu können, gibt es jetzt die Möglichkeit, ihm noch Anerkennendes und Kritisches mit auf den Weg zu geben.

Dabei zeigt sich, wie unterschiedlich und gegensätzlich das Verhältnis der Teammitglieder zu ihm war und noch immer ist.

In einem weiteren Schritt wird noch ein Stuhl für die Schulleitung gestellt.

Jetzt wird deutlich, dass sich aus der Sicht fast aller Teammitglieder die Schulleitung zu sehr herausgehalten habe. Weder im konflikthaften Prozess noch im Nachhinein habe sich die Schulleitung deutlich positioniert. Das habe zu einer großen Verunsicherung und auch zu Ärger beigetragen. Das Kollegium insgesamt und die Schulleitung müssten klären, welche Regeln an dieser Schule einzuhalten seien. Diese Erkenntnis ist struktureller Natur, geht die ganze Schule an und unterliegt nicht der Schweigepflicht. Das Team beschließt deshalb, zusammen mit der Supervisorin ein Treffen mit der Schulleitung zu vereinbaren, an dem dieses Anliegen thematisiert werden soll.

Im zweiten Teil der Sitzung versucht die Gruppe zu ergründen, welche Ressourcen in der Vielfalt der Einschätzungen und in der Art des Austausches darüber liegen könnten. Dabei werden die Teilnehmer*innen angehalten, im Nachhinein ihr »Ressourcenohr« anzuschalten und das Gesagte mit ihrem »Ressourcenohr« noch einmal Revue passieren lassen.

Ein »Ressourcenohr« ist so ähnlich wie das berühmte »dritte Auge«. Während man mit einem »dritten Auge« besondere Dinge sehen kann, die für ein normales Auge nicht sichtbar sind, kann man mit einem »Ressourcenohr« besondere Dinge wahrnehmen, auf die man normalerweise beim Zuhören nicht achtet (Bellaire, 2016, S. 82).

Fallbeispiel Fachkonferenz
An dieser Stelle wird allen Teilnehmer*innen klar, welche Bedeutung der Kollege für sie hatte, sei es, um Unterstützung und Bestätigung ihrer eigenen Haltung zu bekommen oder als Gegenpol, von dem sie sich abgrenzen konnten.

Vierte Supervisionssitzung
Diesmal kann sich das Team mit der eigenen Teamentwicklung beschäftigen und mit möglichen Zukunftsperspektiven. Methodisch wähle ich die Arbeit mit dem »Teamogramm« (Balz, 2016, S. 265 ff.).

Auf einer Zeitlinie – symbolisiert durch ein am Boden liegendes Seil – soll die Entstehung und Weiterentwicklung des Teams nachgezeichnet werden. Die Teilnehmer*innen stellen sich – entsprechend ihrer zeitlichen Zugehörigkeit zum Team – und beantworten nacheinander Fragen zu ihrer Teamgeschichte. Ziel ist es, eine Teamvision, vielleicht auch ein gemeinsames Motto zu finden.

- »Was haben Sie vor dem Eintritt ins Team gemacht?«
- »Wie sind Sie in das Team gekommen?«
- »Was waren Ihre Erwartungen, Vorinformationen, Ihr erster Eindruck?«
- »Gab es ein berufliches Motto, das Sie damals mitgebracht haben?«
- »Was war aus Ihrer Sicht damals das wichtigste Thema, das wichtigste Entwicklungsziel für Sie/für das Team?« (Wird auf eine Moderationskarte geschrieben.)

Nach dem Beantworten der Fragen durch die einzelnen Teammitglieder sind Informationsfragen zugelassen, aber keine Debatte.

Jetzt können die verschiedenen Ziele, die auf der Timeline abgelegt sind, noch einmal in den Blick genommen werden.

- Gute kursübergreifende Zusammenarbeit
- Austausch von Unterrichtsmaterialien
- Ausführlicher Austausch mit den Fachkolleg*innen, auch über wissenschaftliche Themen, sodass ich auf dem Laufenden bleibe
- Unterstützung, dass das Fach in der Schule genügend wahrgenommen wird
- Gemeinsame Fortbildung zur fachspezifischen Digitalisierung
- Gemeinsame Planung von Projekten mit außerschulischen Organisationen
- Projekte für Europäische/Internationale Kontakte und Schulfahrten
- Als Berufsanfänger Unterstützung durch erfahrene Kolleg*innen
- Austausch über Erleichterungen im Berufsalltag
- Anregungen für neue Methoden
- Offene Gespräche über erfolgreiche oder missglückte Unterrichtsreihen

Dann wird ein Platz der Zukunft am oberen Seilende festgelegt und die Teammitglieder können neue Ziele für die zukünftige Arbeit des Teams auf Karten schreiben und – nach Wunsch – einige der schon formulierten Ziele auf den Platz der Zukunft legen.

Zum Schluss können alle das für sie wichtigste Ziel in der Zukunft nennen, was sie sich von der Arbeit der Fachkonferenz erhoffen.

In dieser Supervisionssitzung haben sich die Teammitglieder – im Blick zurück auf die Vergangenheit und voraus in die Zukunft – wieder auf ihre gemeinsame Aufgabe in der Fachkonferenz konzentriert. Dadurch und durch die Anknüpfung an unbelastete Zeiten erscheint eine gemeinsame Arbeit in der Zukunft wieder denkbar.

6.1 Teamsupervision mit Lehrkräften einer Fachkonferenz

Entsprechend unserer Vereinbarung im eingangs festgelegten Kontrakt ziehen wir nach dem vierten Treffen eine Zwischenbilanz des Supervisionsprozesses. Dabei bedienen wir uns der Methode des »Zwischenstopps« (Meyer, 2016).

Fallbeispiel Fachkonferenz

Fünfte Supervisionssitzung
Eine Nützlichkeitsskala von 1 bis 10 wird im Raum definiert. 1 heißt: Die Supervision hat mir bisher nichts gebracht. 10 heißt: Die Supervision war außerordentlich nützlich. Die Gruppenmitglieder stellen sich auf die Linie je nach dem entsprechenden Wert ihrer Einschätzung.

Dann bilden sie Paare zunächst aus Kolleg*innen, die sich relativ nahe stehen. Die beiden tauschen sich darüber aus, welche 1–4 Aspekte ihnen an der Supervision hilfreich waren oder was ihnen möglicherweise gefehlt hat.

Danach werden – weiter im Zweier-Team – erste kleine Fortschritte gesammelt und benannt. Die Paare trennen sich und tun sich mit neuen Partner*innen zusammen, um sich erneut zu kleinen Fortschritten auszutauschen. In einer »Fortschritts-Gerüchteküche« werden noch einmal neue Paare gebildet. Abschließend wird in der gesamten Runde ausgetauscht, welche ersten Fortschritte für die Teilnehmer*innen feststellbar sind.

Unter anderem wird hervorgehoben, dass sich alle wieder mehr auf die Arbeit und die gemeinsame Aufgabe konzentrieren können, dass wieder Kommunikation möglich ist, dass allen gegenseitig immerhin zugestanden wird, dass sie sich um Verständigung bemühen.

Sechste Supervisionssitzung
In der Eingangsrunde berichtet eine Teilnehmerin, dass sie zwar in der letzten Supervisionsrunde Fortschritte im Verständigungsprozess der Gruppe festgestellt habe, dass für sie aber der schwarze Trennungsweg wieder sehr präsent sei und ihr Ärger über das

Verhalten von einigen aus der Gruppe auch. Es sei zwar Schnee von gestern, aber sie wolle das jetzt einfach mal ansprechen. Die Lust der anderen, »alte Kamellen wieder aufzuwärmen«, ist zwar begrenzt. Es leuchtet aber allen ein, dass ohne eine Klärung nicht gut weitergearbeitet werden kann.

Mit meiner Hilfe sucht sie sich einen Kollegen oder eine Kollegin »von der anderen Seite des Weges«. Beide können sich jeweils einen Unterstützer dazuholen. Jetzt sitzen sich zwei und zwei Kolleg*innen als eine Art Kontrahent*innen gegenüber. Die vier anderen Kolleg*innen bilden den Außenkreis.

Die Lehrerin wirft ihrem Gegenüber vor, damals den Kollegen zu wenig unterstützt zu haben, ja ihn sogar in seinen pädagogischen Ansichten in Frage gestellt zu haben. Die Kontrahenten geraten in einen fachlichen Disput, ob der Kollege pädagogisch verantwortlich gehandelt hat, was pädagogisch richtig oder falsch ist; die Gemüter erhitzen sich zusehends und die innerlich beteiligten Kolleg*innen im Außenkreis werden zunehmend unruhig.

Ich schlage ein Experiment vor: Die vier Lehrer*innen aus dem Außenkreis begeben sich in den »Adlerhorst«, einer neuen Stelle im Raum, und schauen gleichsam von oben auf das Gespräch und kommentieren es (Schlippe, 2016, S. 181 ff.). Im Adlerhorst gelten andere Regeln: Alles, was gesagt wird, wird hypothetisch, also im Konjunktiv formuliert, vorsichtig, suchend. Nur das Gespräch wird kommentiert, eventuell auch die eigenen Gedanken im Adlerhorst.

Ich sitze mit dabei im Adlerhorst und moderiere dort die Überlegungen:

- »Was fällt Ihnen auf, wenn Sie die vier dort unten beobachten?«
- »Denken Sie, dass die vier durch das Gespräch wichtige Dinge klären können?«
- »Fällt Ihnen ein Muster auf, nachdem die beiden Hauptakteure argumentieren?«
- »Was glauben Sie, wie sich die vier da unten fühlen?«

- »Halten Sie es für möglich, dass die beiden ihren Konflikt stellvertretend für die anderen austragen?«
- »Was wäre eine spürbare Veränderung?«
- »Was müsste geschehen, dass diese Veränderung eintreten kann?«
- »Wofür könnte unser Blick aus dem Adlerhorst hilfreich sein?«

Der Austausch im Adlerhorst ist nachdenklich. Vorsichtig werden Hypothesen und Vorschläge formuliert. Offene und verdeckte Loyalitäten werden vermutet, die ihrerseits auch ambivalent sein mögen:

- »Vielleicht könnte der Ausstieg aus der pädagogischen Kontroverse die aufgeladene Atmosphäre dämpfen?«
- »Es könnte sein, dass die vier sich in der pädagogischen Diskussion festgebissen haben, es aber vielleicht um was anderes geht?«
- »Könnte es sein, dass mit dieser Diskussion alles noch zementiert wird?«
- »Vielleicht sind sie nur enttäuscht oder traurig, dass alles so gelaufen ist?«
- »Ganz bestimmt haben die vier einen hohen Leidensdruck ...«
- »Vielleicht könnten sie sich gerade mal darüber austauschen, wie es ihnen in der Diskussion geht.«
- »Gut fände ich, ein Ziel zu nennen, was sie erreichen möchten.«
- »Was müsste passieren, dass sie unseren früheren Kollegen ›ruhen‹ oder gehen lassen können?«
- »Was würden sie brauchen, um neu anfangen zu können?«

Zurück aus dem Adlerhorst tauscht sich die Gruppe insgesamt aus.
»Was war neu?«
»Was wurde angeregt?«

Aus der konfrontativen Diskussion zu Beginn wird ein Gespräch über die Umgangs- und Entwicklungsmöglichkeiten des Teams angesichts von inhaltlichen Differenzen. Auch darüber, was besser nicht gesagt worden wäre, findet ein Austausch statt. Mit dem Blick aus dem Adlerhorst hat das Team eine Außenperspektive eingenommen, die aus der ursprünglich empfundenen Sackgasse neue Wege weist.

Siebte Supervisionssitzung
Die Abschlussreflexion steht an.
  Zum Schluss gibt es drei Stühle, auf die sich alle nacheinander setzen:
  »Was lasse ich hier?/Was nehme ich mit?/Was ist noch offen?«
Auf jedem Stuhl wird ein entsprechendes Votum abgegeben.

»Was lasse ich hier?«

- »Meine Angst vor zusätzlichen Verletzungen«
- »Meine Bedenken im Blick auf Supervision«
- »Meine Hoffnung, dass alles wieder so sein kann wie früher.«
- »Meine Genervtheit angesichts des ewigen Themas ...«
- »Meinen Ärger über noch eine Veranstaltung (Supervision), die ich absolvieren soll.«

»Was nehme ich mit?«

- »Erleichterung, dass wir wieder miteinander reden können.«
- »Die Erkenntnis, dass Supervision Arbeit ist.«
- »Das Gefühl, dass es noch einen anderen Weg oder andere Wege gibt.«
- »Dass Dinge ausgesprochen wurden, die vorher nicht gesagt werden konnten.«
- »Leichtigkeit«
- »Das Gefühl, mit meinen Kolleg*innen wieder verbunden zu sein.«
- »Das Wissen, dass ich wieder mit euch zusammen arbeiten kann.«
- »Die Überzeugung, dass ich die Schule verlassen werde, weil es für mich besser passt.«

»Was ist noch offen?«

- »Ob wir auch langfristig wieder einen neuen Umgangston finden.«
- »Ein Treffen mit der Schulleitung«
- »Ob ich dem Kollegen, der gegangen ist, schreibe.«
- »Ob wir in größerem Rahmen im Kollegium das Thema zum Abschluss führen können.«
- »Was wir an dieser Art der Kommunikation in unsere alltägliche Arbeit übernehmen können.«

Bei dieser Teamsupervision wurde besonders deutlich, dass Supervisand*innen die für sie passenden Lösungen – oder zumindest das Wissen um die ersten Schritte dahin – bereits mitbringen. Mithilfe einer fragenden und forschenden Grundhaltung und dem Fokus auf den Lösungsraum treten die jenseits vom Problem liegenden Lösungen in den Blick.

Die unterschiedlichen Sichtweisen, der Fokus auf die Ressourcen und die Außenperspektive aus dem Adlerhorst haben Möglichkeiten jenseits des eingangs benannten »Problems« eröffnet. Nicht alle Ziele sind erreicht, manche Wünsche nicht erfüllt, aber gemeinsame Arbeit in der Fachkonferenz ist wieder möglich.

6.2 Theoriebezug: Die Beobachtung zweiter Ordnung in der Supervision

Prozessorientiert angelegte Weiterbildungsangebote wie Supervision bieten Lehrkräften und Schulleitungen vielfältige Möglichkeiten des miteinander und voneinander Lernens. Dabei begründet sich ein Supervisionsbedarf nicht vorrangig durch individuelle Faktoren wie z. B. mangelnde Erfahrung und Erschöpfungserscheinungen oder durch institutionsbezogene Faktoren wie schulinterne Prozesse oder

Optimierungsideen. Denn Supervision basiert auf Reflexion und zielt auf eine Veränderung durch Nachdenken über Praxis. Supervision versteht sich als ein Ort, wo neue Ideen und Ordnungen zur Praxiserprobung erzeugt werden und auf die Reflexion des Zusammenwirkens individueller, sozialer und institutioneller Rahmenbedingungen abgezielt wird. Bearbeitet werden dabei sowohl die bewusst wahrgenommenen Problemkonstellationen ebenso wie unbemerkte Seiteneffekte beruflichen Handelns (Berker, 1999, S. 65 ff.).

Supervision im Team beansprucht dabei die Fähigkeiten der Selbst- und der Fremdwahrnehmung im Berufsfeld. Aus der eingenommenen reflexiven Haltung können Musterbildungen aus einer Beobachterperspektive zweiter Ordnung erkannt werden; es findet eine »Beobachtung der Beobachtung« statt. Dadurch erhalten Zusammenhänge eine neue Einfärbung, es werden Aspekte erhellt, die zuvor unterbelichtet oder von anderen Aspekten überschattet waren. In systemischer Supervision wird hier von → »Kybernetik zweiter Ordnung« gesprochen. Bei dieser auf Heinz von Foerster zurückgehenden Möglichkeit der Beschreibung der Beschreibung sind die Prinzipien und Beobachtungskategorien des beobachteten Systems (z. B. der Klient*innen) ebenso zu beobachten wie die der Beobachtenden (z. B. der Supervisor*innen) sowie die Wechselwirkungen zwischen Beobachtenden und dem beobachteten System (Simon/Stierlin/Clement, 1999, S. 192 ff.). Aus einer Beobachterposition zweiter Ordnung lassen sich Beobachtungen beobachten und damit getroffene Unterscheidungen und Leitdifferenzen erkennen. Eine vertraute und selbstverständlich ausgeübte Praxis wird plötzlich »fragwürdig«. Dadurch wird es Supervisand*innen möglich, zu ihren Praktiken eine Position zu beziehen.

Die Dekonstruktion von gewohnten Zusammenhängen und Interpretationen gibt neue Perspektiven auf das Vertraute frei. Klient*innen erlangen damit auch ein Gespür für die selbst verfügbaren Mittel und die aktiven Steuerungsmöglichkeiten. Sie erfahren, dass sie selbst zur Entstehung und Aufrechterhaltung von Problemen beitragen. Hieraus entstehen Wahlmöglichkeiten und die Neugier, die gleichen Dinge auf eine andere Weise zu betrachten. Dieses Heraus-

6.2 Theoriebezug: Die Beobachtung zweiter Ordnung in der Supervision

treten aus vertrauten Sichtweisen lässt sich nach Bourdieu als »exotisieren« verstehen: Dem Gewohnten wird die Dimension des Exotischen zurückgegeben (White, 1992, S. 49 ff.).

Insbesondere in Teamsupervision kann es sein, dass von der Auftragsseite schnelle Lösungen eingefordert werden, da ein hoher Leidensdruck vorliegt wie im Beispiel oben. Hier erscheint es besonders wichtig, dass Supervisor*innen gegenüber ihren Klient*innen transparent machen, dass der Maßstab supervisorischer Qualität darin liegt, Möglichkeiten zu schaffen. Die Hauptverantwortung von Supervisor*innen liegt demnach auf der Prozessqualität der Supervision, die Verantwortung für inhaltliche Lösungen verbleibt bei den Supervisand*innen.

7

Supervision in Großgruppen

7.1 Supervision mit einem Kollegium oder: »Gemeinsam aus der Problemtrance«

Einige Supervisionsmethoden eignen sich für Großgruppen, da sie auf Prozessen der Selbstorganisation basieren und wenig Anleitung brauchen. Eine solche Methode wird im Folgenden exemplarisch dargestellt. Ausgangspunkt ist hier ein Kollegium in »Problemtrance«. Diese Formulierung besagt, dass eine Thematik im Kollegium bereits so häufig diskutiert und kritisch beleuchtet worden ist, dass schon beim Benennen der Überschrift oder des Stichwortes sämtliche als problematisch erachteten Aspekte aktualisiert werden. Aus diesem Status ist eine konstruktive Problemlösung nicht mehr zu erwarten.

Supervision bedeutet an dieser Stelle, eine neue Orientierung einzuführen und ein Umdenken anzuregen. Ein geeigneter Fokus hierfür ist die → Lösungsfokussierung (anstelle der Problemfokussierung). Der Lösungsfokus wird ganz konkret und in einem engen Arbeitsrahmen angeordnet und bedarf daher einer klaren Vereinbarung: Das → Problem darf im Zeitraum der Arbeitsphase nicht besprochen werden. Sobald bemerkt wird, dass man das Problem diskutiert, statt Lösungen zu finden, wird dies angesprochen und der Prozess gestoppt. Die Gruppe entscheidet sodann, ob eine Rückkehr zum Lösungsfokus möglich ist. Falls nicht, wird ein neuer Arbeitsschritt begonnen (siehe unten).

Für die Veranstaltung kann im Vorfeld bereits angekündigt werden, dass ein Kontrast zum Alltagsgespräch (Problem- vs. Lösungsorientierung) angestrebt wird, welcher experimentellen Charakter trägt. Dies ist den Teilnehmer*innen in der Regel einsichtig und als eine Ausnahme vom Alltagsgespräch akzeptabel.

Fallbeispiel Kollegium
Vorbereitung: Im Vorfeld der Supervision werden die Aspekte rund um das Problem gesammelt. Die problematischen Aspekte werden jeweils als Aussage formuliert und auf den Kopf eines DIN-A4-Blattes gedruckt. Der Rest der Seite bleibt frei.

Liste der Probleme:

- Wir fühlen uns für die Beratung von Eltern nicht kompetent genug.
- Wir werden nie allen Kindern gerecht, weil uns die Zeit dafür fehlt.
- Die Einrichtung unserer Klassenräume und der Zustand des Gebäudes sind mangelhaft.
- Unser zur Verfügung stehendes Lernmaterial ist ungeeignet und veraltet.

- Die Eltern machen Leistungsdruck, weil sie sich um die Abschlüsse ihrer Kinder sorgen.
- Es bleibt im Unterricht zu wenig Zeit für individuelle Unterstützung.
- Die Unterrichtsvorbereitung ist zu aufwändig.
- Es gibt im Schulalltag zu wenig Zeit für Kooperation und Teamarbeit.
- Wir brauchen mehr Zeit für die Weiterentwicklung von Curricula und Methoden.

Einleitung der Arbeitsphase: Die Arbeitsphase wird vollständig auf die Lösungssuche fokussiert. Die Lösungen werden ungefiltert auf ein Blatt notiert, auf dem am oberen Rand das Problem abgedruckt ist (siehe Vorbereitung). Wenn als Gruppe keine Lösungen mehr generiert werden können, wird das Blatt zurückgelegt und steht anderen Gruppen für deren Notizen zur Verfügung. Sobald eine Kleingruppe beginnt, sich mit dem Problem zu beschäftigen, legt sie das Blatt zurück. Es steht nun wieder für die anderen Gruppen zur Auswahl zur Verfügung, die ihre Lösungen ergänzen können.

Arbeitsphase: Die Großgruppe wird in Kleingruppen von vier bis sechs Personen aufgeteilt. Auf die DIN-A4-Blätter notieren die Kleingruppen Lösungen zum Problem.

Reflexion der Arbeitsphase (I): Im Anschluss an die Arbeitsphase biete ich eine Reflexion in der Großgruppe an. Hier werden zunächst die konkreten Erfahrungen aus der Arbeitsphase abgefragt. Im Beispiel hier berichten die Teilnehmer*innen, dass das Arbeiten als angenehm empfunden wurde, dass gelacht wurde und dass erstaunlich viele Lösungen zustande kamen.

Reflexion der Arbeitsphase (II): Nach der Befragung der Gruppen zur Arbeitsphase wird der Kontrast zur Alltagskommunikation an der Schule zum Thema gemacht. Im Beispiel hier äußern mehrere Lehrkräfte den Wunsch, den lösungsorientierten Modus in den Schulalltag zu implementieren. Als geeigneter Ort wird eine Ecke des Lehrer*innenzimmers identifiziert, wo von nun an keine Probleme mehr diskutiert werden dürfen. Ebenfalls möchten die

Lehrkräfte die Erfahrungen aus dem lösungsorientierten Schreibgespräch weiter nutzen und einen schriftlichen Problem- und Lösungsspeicher am Schwarzen Brett einrichten. Aus Supervisionssicht wird an dieser Stelle darauf verwiesen, dass neben den genannten Ideen vor allem die von jetzt an gültige Wahlmöglichkeit des Problem- oder des Lösungsfokus ein wichtiges Ergebnis der Supervision darstellt, da hier selbstbestimmt und bedarfsgemäß ein Fokuswechsel initiiert werden kann.

Nächster Schritt: Zum Ende und im Nachgang der Veranstaltung sollten von den Ergebnissen ausgehend (den »Lösungslisten«) die schulischen Prozesse weitergedacht werden. Hierzu werden im Beispiel oben zunächst die Lösungen von der Steuergruppe der Schule gesichtet und geclustert. Sodann soll im Rahmen der nächsten Lehrerkonferenz entschieden werden, welche Lösungsschritte zuerst konkretisiert werden sollen. Alternativ kann die Gesamtgruppe die Lösungslisten direkt »punkten«, sodass Gewichtungen für die ersten Lösungsschritte gefunden werden.

In der gemeinsamen Auswertung solcher Arbeitsphasen zeigt sich, dass an den Einzelschulen eben solche Lösungen erarbeitet werden, wie sie in der Fachliteratur zum Thema vorgeschlagen werden. Dies liegt einerseits sicher daran, dass Beteiligte ihr Fachwissen hierzu abrufen und in die Lösungsfindungsprozesse einbringen. Gleichzeitig bieten die gemeinsam erarbeiteten Lösungen eine gute Voraussetzung dafür, tatsächlich in den schulinternen Prozessen berücksichtigt zu werden – vielleicht sogar in höherem Maße als dieselben Lösungen, die durch einen Fachvortrag vermittelt worden wären.

Im oben skizzierten Angebot zur Supervision in Großgruppen bringen sich auch Personen aus dem Schulleitungsgremium als Teilnehmer*innen ein, ohne an der Stelle die Prozessverläufe im Leitungssinne verantworten zu müssen. Um die Leitungspersonen während der Veranstaltung zu entlasten, werden im Vorfeld vereinbarte Zielsetzungen zu Beginn der Veranstaltung über schulinterne Aushänge oder Informationen in der Schulkonferenz dargelegt. Hier sollte auch ein Einverständnis der Teilnehmer*innen mit den Zielen der Veranstaltung eingeholt werden. Bei Bedarf kann im Laufe der Veranstaltung nachgefragt werden, ob die Vereinbarung zu den Zielen und dem Ablauf noch gilt. Anpassungen sind natürlich möglich, denn ich als Supervisorin bleibe dem Grundsatz treu, Prozesse zu begleiten, nicht aber über die Ziele und Inhalte der Supervision zu bestimmen (Ebbecke-Nohlen, 2009).

Während der Supervision in Großgruppen ist insofern besonders zu beachten, dass Entscheidungen und die damit verbundenen Verantwortlichkeiten bei Bedarf in die Gruppe bzw. an das Leitungsgremium zurück zu lenken sind. Folgende Fragen können dabei nützlich sein:

- In welchem Gremium oder welcher Gruppe könnten Sie diese Entscheidung vorbereiten?
- Wo, d. h., in welchem Fachgremium sollte diese Entscheidung getroffen oder abgestimmt werden?
- Was ist jetzt zu tun, damit diese Entscheidung später getroffen werden könnte?
- Möchten Sie aus der Rolle der Schulleitung an dieser Stelle eine Rückmeldung geben?

Generell ist während der Supervision wichtig, die eigene Rolle als Supervisor*in in der Prozessgestaltung transparent zu machen und sich dabei bestmöglich von Entscheidungsträgern der Schulverwaltung abzugrenzen. Folgende Fragen können hilfreich sein, wenn in der Großgruppe Diskussionen aufkommen:

- Möchten Sie das hier und jetzt weiter diskutieren?
- Wieviel Zeit möchten Sie jetzt für diese Diskussion einplanen?
- Welche Möglichkeiten zur Veränderung der Zeitplanung schlagen Sie vor?

7.2 Theoriebezug: Selbstorganisation

Das oben beschriebene Supervisionsangebot setzt Entwicklungsimpulse, indem die Unterbrechung gewohnter Kommunikationsmuster stattfindet und neue Muster zur Lösungsfindung implementiert werden. Die mit der Intervention verbundenen Irritationen werden gemeinsam mit den schulischen Akteur*innen für deren Selbstorganisationsprozesse nutzbar gemacht.

Die dabei genutzte lösungsfokussierte Vorgehensweise vertraut auf die Selbstorganisation von Individuen, Gruppen und Institutionen. Methodisch angeleitet geraten Kommunikationsmuster (hier: eine Problemfokussierung bzw. »Problemtrance«), die vormals unbemerkt waren, in den Reflexionsradius. Solange diese nicht der Reflexion zugänglich sind, bleiben sie der eigenen Einflussnahme unzugänglich. Erst durch die Einführung einer Unterscheidung (hier: Lösungsfokussierung statt Problemfokussierung) werden zugrunde liegende Ordnungsprinzipien beobachtbar und lassen sich in Prozessen der Selbstorganisation neu ordnen.

Aus supervisorischer Sicht gelten problemfokussierte Orientierungen in Großgruppen, insbesondere wenn sie in Verbindung mit Klagen und dem Erleben mangelnder Anerkennung stehen, als Warnsignale, die in seelische und körperliche Erkrankungen münden können. Daher gilt es, die entsprechenden Orientierungen und Gewohnheiten der Reflexion zugänglich zu machen. Im oben dargestellten Beispiel wird ein lösungsorientiertes Kommunikationsverhalten als Kontrastierung der problemfokussierten Alltagskommunikation eingeführt. Über die Musterunterbrechung ergibt sich ein Reflexionsanlass, der den Kommunikationsmodus in der Zukunft steuerbar macht. Es zeigt sich regelmäßig, dass die Einheit aus lösungsorientierter Arbeitsphase mit deren Reflexion zum Wohlbefinden der Beteiligten beiträgt. Denn mit der Wahlmöglichkeit (Problem- oder Lösungsfokus) erleben sich die Akteur*innen als selbstwirksam. Sie können und werden zukünftig die jeweils passende Strategie einsetzen. Eine kleine Intervention mit der Dauer von lediglich 60 bis 90 Minuten kann dadurch eine große Wirkung entfalten.

Die Erkenntnis, dass kleine Veränderungen innerhalb von Systemen größere Auswirkungen haben können, ist für das Verständnis von Supervision von Bedeutung. Dabei geht man davon aus, dass sich in Supervision erarbeitete Lösungen umso nachhaltiger erweisen, »je stärker sie auf allen drei Ebenen der Affektlogik, der affektiven, der kognitiven und der Handlungsebene ankoppeln und mit konkreten Anregungen verbunden werden« können (Ebbecke-Nohlen, 2009, S. 42).

8

Supervision ohne Supervisor*in

8.1 Kollegiale Supervision in der Schule oder: »Im Raubtierkäfig«

Kollegiale Supervision oder Kollegiale Fallberatung ist – kurz gefasst – Supervision ohne Supervisor*in. Sie ist leicht zu organisieren und kostet nichts. Sie ist deshalb – aber nicht nur deshalb – ein empfehlenswertes Format für Schulen und eignet sich entweder zum Einstieg in supervisorisches Arbeiten oder als längerfristige Maßnahme nach einer begrenzten supervisorischen Einheit.

Auch wenn beide Formate – Supervision und Kollegiale Fallberatung – große Überschneidungsmengen haben, ist es für das Gelingen von Kollegialer Beratung notwendig, die Besonderheiten dieses Formates zu kennen und zu berücksichtigen.

In den Einrichtungen sozialer Arbeit ist seit den 1950er Jahren parallel zur gesellschaftlichen Entwicklung nach dem Zweiten Weltkrieg ein Strukturwandel vom Hierarchieprinzip zum Teamprinzip zu beobachten. So sind zunehmend flache Hierarchien erwünscht. Dies führt zu einem großen Bedarf an gemeinsamer Reflexion und Abstimmung, dem das Verfahren der Kollegialen Beratung mit seinen strukturierenden Qualitäten im Prinzip entgegenkommt.

Kollegiale Beratung ist nicht aus einer Beratungstheorie hervorgegangen, sondern aus dem praktischen Bedürfnis von Berufstätigen nach regelmäßiger gegenseitiger Beratung, die sich in Gruppen von Gleichgesinnten mit unkomplizierten Mitteln etablieren lässt (Schlee, 2004; Tietze, 2010). Schlee berichtet, dass um 1980 aus einer Lehrerfortbildung heraus die Idee entstanden sei, die schwierige und belastende Schulpraxis an berufsbildenden Schulen durch Kollegiale Unterstützungsgruppen längerfristig erträglich zu machen (Schlee, 2004, S. 25 ff.).

Kollegiale Beratung beschreibt nach Tietze (2010, S. 24 ff.) ein Format kostenfreier, freiwilliger, personenorientierter Beratung, bei dem im Gruppenmodus wechselseitig berufsbezogene Fälle der Teilnehmenden nach einem festen Ablauf und ergebnisorientiert reflektiert werden:

- personenorientierte Beratung: Beratung ist eine soziale Interaktion, die sich von Anleiten, Unterrichten, Führen oder Verkaufen unterscheidet. Bezugspunkt der Beratung ist eine anwesende einzelne Person mit ihrem beruflichen Kontext, nicht ein Konflikt zwischen zwei Gruppenmitgliedern oder die Kooperation im ganzen Team.
- Gruppenmodus: Gegenüber einer dyadischen Konstellation bietet die Gruppe durch die höhere Anzahl an Personen eine größere Stabilität. Erwünschter Effekt ist außerdem die Vielzahl an Perspektiven. Mit dem Gruppenmodus gehen allerdings weitere sozialpsychologische und gruppendynamische Phänomene und Prozesse einher, die den Mitgliedern bewusst sein sollten.

- berufsbezogene Fälle: Die Beratung bezieht sich ausschließlich auf Themen aus dem beruflichen Kontext. Bereiche wie z. B. Gesundheit, Liebe, Politik u. a. werden ausgegrenzt, solange sie keinen plausiblen Bezug zum vorgebrachten Fall aus dem Berufsleben haben. Anders als in der Einzelsupervision, in der persönliche Bezüge der Klient*innen über mehrere Termine hinweg thematisiert werden können, ist die Dauer der Beratung hier auf ein bis zwei Stunden begrenzt.
- Systematik: Es gibt ein festgelegtes wohl strukturiertes Ablaufschema (Leitfaden), wodurch die Beratungskommunikation gewährleistet und von Alltagsgesprächen oder Diskussionen abgegrenzt werden soll. Da ausgebildete Beratungsexpert*innen, die bei Abweichungen intervenieren könnten, vom Setting nur in Ausnahmefällen vorgesehen sind, wird für alle Beteiligten durch die Orientierung am Leitfaden eine zielführende Kommunikation sichergestellt.
- Wechselseitigkeit: Die Aufteilung in Rollen von Berater*in und Beratenen schafft eine Asymmetrie innerhalb der Gruppe, die durch den Wechsel der Rollen wieder ausgeglichen wird. Damit steht Kollegiale Beratung im Kontrast zu Formaten mit fester Rollenverteilung und konstanten Beratungsexpert*innen, welche die Gruppe leiten und den Beratungsprozess gestalten, selbst aber keine eigenen Fälle durch die Gruppe beraten lassen. Diese Reversibilität der Beratungsbeziehungen schafft Gleichberechtigung unter den Beteiligten und wird in der Literatur als besonders bedeutsam für das Gelingen hervorgehoben (Schlee, 2004; Tietze, 2003).
- ergebnisorientierte Reflexion: Die Beratung ist insofern zielorientiert, als die Fallerzähler*innen aus den Beratungsinteraktionen und -informationen Folgen für künftige Handlungen oder Vorstellungen ableiten. Was wann als Ergebnis der Beratung angesehen wird, entscheiden die Fallgeber*innen. Reflexion meint, dass Beratene nicht nur Anregungen von den Berater*innen erwarten, sondern bewusst über sich und ihre Handlungen mit dem Blick auf mögliche Veränderungen nachdenken.

- Beratung ohne Honorar: Alle Teilnehmer*innen sind gleichrangig und übernehmen wechselseitig verschiedene Rollen. Jede*r trägt die gleiche Verantwortung für das Gelingen der Beratung; deshalb keine Honorarzahlung.
- Freiwilligkeit und Verbindlichkeit: Nach Lippmann ist Freiwilligkeit und regelmäßige verbindliche Teilnahme für Supervision empfehlenswert (wenn auch nicht immer zu gewährleisten), für Kollegiale Beratung aber unabdingbar und Teil des gemeinsamen Kontrakts, da sonst die Gegenseitigkeit und Gleichrangigkeit nicht genügend gewährleistet sei. Ausnahmen, z. B. im Rahmen von Ausbildungen, sollten auf jeden Fall thematisiert werden (Lippmann, 2009).

Kollegiale Beratung ist also durch vier Punkte charakterisiert:

- Die Beratung findet in einer Gruppe und durch die Gruppe selbst statt.
- Es werden berufsbezogene Fälle beraten.
- Die Gruppe orientiert den Beratungsprozess an einer Ablaufstruktur (Leitfaden) und
- die Rollen werden abwechselnd übernommen.

Für die praktische Durchführung ist es wichtig, die verschiedenen Rollen und Funktionen in der Gruppe im Blick zu behalten:

- Die Gruppe umfasst vier bis zwölf Mitglieder. Die Teilnehmer*innen sollen nicht in hierarchischer Beziehung zueinanderstehen. Sie können aus einem oder aus mehreren Kollegien stammen. Kollegiale Beratung braucht eine vertrauensvolle Atmosphäre, deshalb sollte die zwischenmenschliche »Chemie« der Beteiligten nicht durch persönliche Animositäten oder Konkurrenzen im Vorfeld belastet sein (Tietze, 2003, S. 218).
- Alle sollen die Bereitschaft mitbringen, ihre Erfahrungen aus der Praxis zur Verfügung zu stellen und die anderer anzuerkennen. Die Teilnahme sollte freiwillig sein. Die kontinuierliche Anwesenheit

ist unerlässlich, da bei Kollegialer Beratung die Verantwortung für qualifizierte Arbeit und für den Zusammenhalt der Gruppe allen Mitgliedern in gleichem Maße zukommt.
- Jede Gruppe durchläuft verschiedene Phasen und ist nicht immer gleichbleibend arbeitsfähig. Da Beziehungs- und Sachebene im Gruppengeschehen ineinandergreifen, kann es zu Spannungen kommen. Die Gruppenmitglieder sollten deshalb Grundkenntnisse über Phasen der Gruppenentwicklung mitbringen oder sich zusammen erarbeiten. Die Beteiligten sollten zudem wissen, dass Konflikte innerhalb der Gruppe mithilfe von Supervision bearbeitet werden sollten und dies schon im gemeinsamen Kontrakt mit einplanen. Es ist sinnvoll, wenn Gruppen und Teams zwischen der kollegialen Beratung und der Supervision ohne großen Aufwand wechseln können und sich beide Formen ergänzen.
- Die Rollen werden abwechselnd übernommen. Obligatorisch sind Fallerzähler*in, Moderator*in und mehrere Berater*innen; fakultativ können Prozessbeobachter*in und Schriftführer*in eingesetzt werden.
- Die jeweiligen Fallerzähler*innen präsentieren eine für sie problematische Situation aus ihrem Berufsalltag. Sie sollen offen über ihren Fall sprechen und an einer Lösung orientiert sein. Wichtig ist auch, dass sie nicht nur Abläufe schildern, sondern ihre persönlichen Schwierigkeiten und Gefühle benennen. Sie sollten ihr eigenes Verhalten selbstkritisch betrachten können und die Vermutungen und Ideen der Berater*innen als Anregungen aufnehmen. Sie versuchen also nicht, sich zu rechtfertigen, sondern das Problem aus einer neuen Sicht zu betrachten. Dabei nutzen sie die Eindrücke der Berater*innen als hilfreiche Spiegelungen und erweitern so ihre Perspektiven.
- Die Berater*innen, das sind alle Teilnehmer*innen, die keine andere Rolle übernommen haben, begegnen den Fallerzähler*innen mit Respekt und Interesse. Sie lösen sich von persönlichen Erfahrungen, gewohnten Sichtweisen, vorschnellen Interpretationen und gut gemeinten Ratschlägen. Offen und ehrlich äußern sie

ihre Eindrücke und Empfindungen im Blick auf das geschilderte Problem.
- Die Moderator*innen leiten die Gruppe und überwachen den systematischen Ablauf der Beratung. Dabei berücksichtigen sie die Trennung zwischen Analyse- und Lösungsphase. Sie achten auf die Zeit und behalten das Thema im Blick. Sie strukturieren die Beiträge und fassen sie zusammen. Falls erforderlich, sprechen sie Regelverletzungen an.
- Die Schriftführer*innen (nur in größeren Gruppen) protokollieren den Beratungsablauf möglichst ausführlich und können so den Fallerzähler*innen deren Entwicklung im Beratungsprozess dokumentieren. Sie unterstützen damit auch die Moderator*innen.

In der Kollegialen Fallberatung tritt also anstelle der Leitung durch Supervisor*innen eine feste und zuverlässige Struktur mit immer gleichen Abläufen, die von der Gruppe gemeinsam beschlossen wird und die als Richtschnur für die gegenseitige Beratung gilt. In einem Leitfaden, den alle Gruppenmitglieder vor sich haben, wird diese Struktur festgelegt:

> **Leitfaden zur Kollegialen Fallberatung**
> **Arrangement:** Die Gruppe (4–10 TN). Ein TN übernimmt Moderation, ist Zeit- und Regelwächter. Alle TN erhalten den Leitfaden. Freundliche Atmosphäre. Verschwiegenheit!
> **Blitzlicht:** Wie geht es mir? Wer hat ein Anliegen? Ein*e oder mehrere TN benennen einen aktuellen Fall in kurzen und spontanen Formulierungen.
> **Auswahl des zu besprechenden Falls:** TN einigen sich aufgrund zeitlicher oder emotionaler Dringlichkeit.
> **Schilderung des Falls mit anschließender Schlüsselfrage (FE):** FE schildert konkret und lebensnah die Situation.
>
> - Wer? Wo? Wann? Was? Die Schilderung soll möglichst viel Material enthalten.

- Die TN versuchen, den Inhalt und die Art und Weise der Darstellung wahrzunehmen.
- Auch was nicht gesagt wird, könnte als Teil des Falles verstanden werden.
- Kein Unterbrechen.
- FE formuliert die Schlüsselfrage. »Was will ich erfahren?« »Was kann ich tun?« (Ich-Form)

Resonanz- oder Echorunde (TN): kurze Eindrücke zum Bericht

- Mitteilungen über eigene Betroffenheit.
- Keine Interpretationen, keine Lösungen, kein Ausfragen, keine eigenen Erfahrungen.

Sachliches Nachfragen zum inhaltlichen Verständnis (TN und FE): keine Bewertungen, keine Interpretationen, keine Lösungen

- W-Fragen: Wer? Wann? Wie? Wohin? Wem? Was? Wessen? Welche? Woran? Bis wann? Inwiefern? Wie kommt es dazu? Systemische Fragen. (nicht: Warum? Wieso? Weshalb?)

Perspektivwechsel/Identifikationsrunde: »Ich an der Stelle von ...« (TN)

1. Runde: Identifikation mit FE: Ich als FE äußere meine Gedanken, Gefühle, geheimen Wünsche, Befürchtungen ...
2. Runde: Identifikation mit der Fallperson/den Fallpersonen: Ich als Fallperson äußere meine Gedanken, Gefühle, geheimen Wünsche, Befürchtungen ...
3. Runde: TN identifizieren sich erneut mit FE in der geschilderten Situation.

Reaktionen bei FE: Was ist mir vertraut, fremd ...?

- Stimmt die Schlüsselfrage noch? Wenn nicht, neu formulieren.

Lösungsansätze und Handlungsmöglichkeiten: Lösungsvorschläge entwickeln. »Ich als FE würde ...«

- FE wählt aus und entwickelt daraus einen eigenen Maßnahmenplan.

Reflexionsgespräch: Feedback zum Prozess

- Feedback zur Moderation

TN = Teilnehmer*in, zugleich Berater*in; FE = Fallerzähler*in; Fallperson = Person, die im vorgebrachten Fall neben dem/der FE eine wichtige Rolle spielt.

Fallbeispiel Herr P.
Die Gruppe in dem hier vorgestellten Fall besteht aus sechs Referendar*innen, die einen Einführungskurs in Kollegialer Fallberatung belegt haben. Die Lehrer*innen leiten sich selbst. Ich habe als Supervisorin die Gruppe in die Methode eingeführt und stehe jetzt noch als Prozessbeobachterin zur Verfügung. Der Gruppe ist es besonders wichtig, in angenehmer und entspannter Atmosphäre zu arbeiten, weshalb sie sich vor dem eigentlichen Treffen regelmäßig zu einer gemeinsamen Teestunde trifft.

Es gibt zwei Anliegen. Zweimal geht es um Schüler, die sich nicht genügend diszipliniert verhalten hätten. Die Gruppe einigt sich auf den Fall von Herrn P., da dieser besonders involviert und aufgewühlt erscheint.

Schilderung und Frage (FE)
Frau A., die die Moderation übernommen hat, ermuntert Herrn P. zu erzählen.

Es gehe um eine 8. Klasse, die er in Sport unterrichte. Er habe die Klasse am Anfang des Schuljahres von einem älteren, recht autoritären Sportkollegen übernommen, der aber – wie alle anderen Kolleg*innen auch – Probleme mit der Klasse gehabt habe. Er selbst habe sich nun von Beginn des Schuljahrs an sehr bemüht, interessante Spiele und Aktionen und abwechslungsreiche Methoden anzubieten. Auf jeden Fall habe er gehofft, dass die Schüler*innen in einem Alter seien, in dem sie darauf reagierten und gerne mitmachten. Leider passiere das Gegenteil: Die Schüler*innen seien laut, hätten keine Lust, hörten nicht und seien sogar unverschämt. Die Mädchen stünden nur träge herum und hätten Angst um ihre Haare oder genierten sich wegen ihrer Figur, die Jungs seien entweder faul oder unverschämt. Er sehe schon, er müsste eigentlich ab und zu laut werden, das würde, zumindest vorübergehend, bei anderen Kolleg*innen manchmal helfen. Leider hasse er es, zu schreien, es sei einfach nicht seine Art, aber er sehe jetzt, dass man als Sportlehrer es eigentlich können müsste.

Am Vortag nun habe sich in dieser Klasse ein wirklich harter Vorfall zugetragen, bei dem er unbedingt hätte laut brüllen müssen: Er habe gegen Ende der Stunde zum Aufräumen der Geräte angehalten. Dennis sei aber nur rumgestanden, weshalb er ihn ermahnt habe mitzuhelfen. Der habe daraufhin in seine Richtung »blöder Wichser!« gerufen und sei rausgerannt. Er habe dann einen anderen Schüler nach Dennis geschickt, dieser sei aber nicht aufzufinden gewesen. Das müsse jetzt natürlich ein Nachspiel haben. Er habe auch schon mit dem Klassenlehrer geredet. Ein Gespräch mit Dennis stehe aber noch aus.

Der Fallerzähler scheint von den Schüler*innen enttäuscht. Er hat viel Zeit und Ideen investiert und war bester Hoffnung, dass die Schüler*innen das auch honorieren und bereitwillig mit ihm arbeiten würden. Durch die Enttäuschung über die ganz andere, für ihn unverständliche Reaktion ist sein Blick auf die Schüler*innen schon etwas getrübt. Als professionelle Reaktion auf den Unwillen der Schüler*innen stellt er sich nun vor, dass er ärgerlich und laut werden müsse, um sie zum Sport zu bewegen. Sein Glaubenssatz, der vielleicht auf Erfahrungen in der eigenen Schulzeit, auf jeden

Fall aber auf Äußerungen seiner Kolleg*innen beruht, gibt ihm vor, dass in schwierigen Klassen Schreien helfe. Da er aber nach eigener Überzeugung nicht schreien kann, droht sein Scheitern als Sportlehrer. Diese Selbstzweifel hat Dennis nun durch seine provozierende Aktion offengelegt.

Die Moderatorin bittet den FE darum, sein Anliegen zu formulieren. »Was willst du erfahren? Wozu willst du dich beraten lassen?«

Der FE fragt: »Welche Maßnahme muss ich Dennis gegenüber ergreifen?«

Resonanzrunde (TN)

»Du bist ganz blass geworden./Ich bin mit dir identifiziert und bin wütend auf Dennis und fühle mich hilflos./Ich möchte sowas nicht erleben./Ich sehe bei dir Enttäuschung über die Klasse./Du hast zum Schluss ganz schnell und leise gesprochen./Ich wüsste nicht, was ich in dieser Situation gemacht hätte./Ich hoffe, dass mir nie sowas passiert, ich wüsste nicht, was ich tun sollte.«

In der Resonanzrunde wird dem FE zunächst gespiegelt, wie stark er offensichtlich von dem Erlebnis getroffen wurde. Er erfährt aber auch Verständnis dafür, dass ihn die Situation so beschäftigt. Entlastend könnte auf ihn wirken, dass andere mit der Situation ähnliche Schwierigkeiten hätten. Seine Fixierung auf den vermeintlichen Makel des Nicht-Schreien-Könnens wird nicht aufgegriffen.

Nachfragen der TN und Antworten des FE

- »Was war das für ein Gefühl, als Dennis rausrannte?« – »Super-GAU. Hilflos.«
- »Was haben die anderen Schüler und Schülerinnen gemacht?« – »Die waren irgendwie sehr erschrocken.«
- »Was glaubst du, will Dennis damit erreichen, dass er rausrennt?« – »Keine Ahnung, vielleicht war es ihm selbst unangenehm, dass er das gesagt hat?«

- »Wie fühlst du dich, wenn du an das bevorstehende Gespräch mit Dennis denkst?« – »Wütend und lustlos. Aber ist auch eine arme Socke.«
- »Hast du mit dem Klassenlehrer schon mal überlegt, was Ihr mit Dennis jetzt macht?« – »Ja, ich verstehe mich mit dem Kollegen ganz gut und er wäre auch bereit bei dem Gespräch mit Dennis dabei zu sein.«
- »Was wäre besser gewesen, wenn du gebrüllt hättest?« – »Sie wären endlich mal ruhig gewesen. Aber sie waren da ja dann ruhig, weil sie so geschockt waren.«
- »Wie hättest du die Situation noch schlimmer machen können?« – »Wenn ich noch länger da stehen geblieben wäre. Das irgendwie Nicht-Wegkönnen.«
- »Was denkst du über dich selbst, wenn du erlebst, dass ein Schüler dich beschimpft?« – »Irgendwie bin ich eben keine Autorität für den.«

Durch die systemisch ausgerichteten Fragen, die die Berater*innen in Anlehnung an einen vorliegenden Fragenkatalog formulieren, wird der FE zu neuen Perspektiven verführt. Trotzdem bleibt bei ihm der Zweifel an den eigenen pädagogischen Fähigkeiten bestehen.

Fallbeispiel Herr P.

Perspektivwechsel (TN)
Identifikation mit FE:

- »Jetzt habe ich hinterher auch noch Stress mit dem Gespräch.«
- »Vielleicht hat der Dennis ja für einen großen Teil der Klasse gesprochen?«
- »Nur Arbeit und Stress mit dieser Klasse!«
- »Eigentlich kann ich doch ganz gut mit Schülern.«
- »Warum macht der Dennis solche Schwierigkeiten?«

Identifikation mit der Fallperson, dem Schüler Dennis:

- »Ich hatte an dem Tag sowieso Ärger.«
- »Der Alte kann mich mal. Hat keine Geduld und meint mich herumkommandieren zu können.«
- »Sport ist ätzend.«
- »Nur weil der jung und dynamisch tut, meint er, wir sollten jetzt auch so sein. Neee!«
- »Cool war's schon, aber dann doch auch peinlich.«
- »Ich fühl mich nicht gut, und was kommt noch ...?«

Identifikation mit FE:

- »Der ist 13, da passiert das.«
- »Ich sage dem Dennis das Passende im Gespräch und dann ist es auch gut.«
- »Ich finde es immer noch unverschämt.«
- »Mich langweilt es so langsam. Ich beschäftige mich jetzt mit denen, die Sport machen wollen.«

Durch den Perspektivwechsel vom Referendar zum Schüler und zurück schaffen die Berater*innen einen weiteren Horizont, und das Geschehen wird anders bewertet. So entsteht die Idee, dass der Lehrer den Fokus verändern und sich um die Schüler*innen kümmern könne, die sich für Sport interessieren. Die verschiedenen Beiträge setzen eine zirkuläre Kommunikation in Gang, die sich weitet und sich für neue Denkmöglichkeiten öffnet.

Reaktionen des FE
Obwohl er es als Fall eingebracht habe, sei ihm nicht klar gewesen, wie sehr er sich in der Situation mit Dennis bloßgestellt gefühlt habe. Die Seite von Dennis könne er sehen nach diesem Vorfall. Er glaube eigentlich auch, dass der genervt gewesen sei und keine Lust zum Wegräumen gehabt habe, ihn aber nicht persönlich habe angreifen wollen. Er könne sich das aber so nicht gefallen lassen und

werde Dennis noch zur Rede stellen, und dann könne er das Kapitel Dennis erstmal abschließen. Die Peinlichkeit, vor der ganzen Klasse so beschämt zu werden, bleibe allerdings noch. Eine neue Idee sei für ihn, sich den Schüler*innen zuzuwenden, die vielleicht Lust auf Sport haben. Er wisse zwar nicht so recht, wer das sein könnte, aber er sei mal offen ...

An dieser Stelle schlägt die Moderatorin gemäß dem Ablaufplan für Kollegiale Beratung vor, dass der FE seine Leitfrage noch einmal überprüft und gegebenenfalls revidiert.

FE: »Ich habe das Gefühl, dass im Augenblick Dennis nicht mehr so das Problem ist. Eher die Schüler, die mich so gesehen haben. Ich glaube, ich würde die Frage jetzt anders stellen: Wie kann ich nach diesem Vorfall mit diesen Schülern wieder Sport machen?«

Lösungsansätze und Handlungsmöglichkeiten (TN)

- »Ich an deiner Stelle würde die Schüler und Schülerinnen fragen, was sie sich unter Sport vorstellen, was sie machen wollen und dann mit ihnen verhandeln.«
- »Ich an deiner Stelle würde mit denen klare Rituale vereinbaren, z. B. zum Aufräumen.«
- »Ich an deiner Stelle würde den Vorfall kurz ansprechen, bevor ich weiter unterrichte.«
- »Ich an deiner Stelle würde versuchen, denen mehr Verantwortung für den Verlauf der Stunde geben.«
- »Ich an deiner Stelle würde eine Zwischenevaluation machen.«
- »Ich an deiner Stelle würde mich an Stunden erinnern, die gut gelaufen sind.«
- »Ich an deiner Stelle würde das Schreien mal daheim unter der Dusche ausprobieren.«

Der FE entwickelt daraus einen »Fahrplan« für die nächsten Tage. Er möchte vor allen Schüler*innen am Anfang der nächsten Stunde den Vorfall nochmal kurz thematisieren. Er kann sich vorstellen, dass er, nachdem er klare Worte mit Dennis gewechselt hat, die

Schüler*innen mehr in die Unterrichtsplanung miteinbezieht und ihnen mehr Verantwortung bei Planung und Durchführung des Unterrichts überträgt.

Reflexionsgespräch (alle)
Der FE ist erstaunt, dass sich das Thema so anders entwickelt hat. Eigentlich habe ihn beschäftigt, dass ein 13-jähriger Schüler so unverschämt zu ihm ist. Und dann, dass er »nicht schreien kann« und deshalb Zweifel an sich als Sportlehrer habe. Das Thema Schreien im Unterricht und die Frage der Autorität seien für ihn auch noch nicht erledigt, im Augenblick aber nicht mehr so wichtig. Durch die Fragen und Anregungen sei er auf andere Gedanken gekommen und sei jetzt irgendwie erleichtert. Es sei eine neue Erfahrung, dass sich in der Gruppe alle so ausführlich und konzentriert mit ihm beschäftigt hätten. Er dankt der Moderatorin für die Leitung und der Gruppe insgesamt für die Beratung.

Frau B. sagt, dass der Einsatz der Stimme im Unterricht ein Thema sei, was sie auch sehr interessiere. Sie habe manchmal das Gefühl, dass sie durch ihre höhere Stimmlage und leisere Stimme als Frau weniger durchdringend ermahnen könne als Männer. An dieser Stelle entwickelt sich eine Diskussion über Sinn und Unsinn von »lauten Machtworten« im Unterricht. Eigene Erfahrungen werden hin und her ausgetauscht. Die Suche nach einer »richtigen« Lösung ist intensiv (und laut!) und emotional stark besetzt. Die Moderatorin wähnt sich am Ende ihres Einsatzes und greift nicht ein, um die Diskussion zu stoppen, was ich dann als Prozessbeobachterin übernehme.

Inhaltlich ist mit Herrn P. und seiner eingangs gestellten Frage einiges in Gang gekommen:

Herr P. hat erkannt, dass er Unterstützung braucht, und stellt sich deshalb der Praxisreflexion in einer ihm vertrauten Gruppe, wo er seine »Schwäche« und seine Beschämung zu thematisieren wagt und wo er wichtige Impulse für sein Handeln bekommt. Durch die hohe Aufmerksamkeit der Beratungsgruppe und die Intensität ihrer Beschäftigung mit seinem Problem erfährt er in seinem Selbstzweifel zunächst einmal Stärkung und Unterstützung. Er beteiligt sich an einem Kommunikationsprozess, der ihm eine offene, multiperspektivische Sicht auf Schüler*innen und Schule ermöglicht. Damit wirkt er der Gefahr entgegen, dass sich in seinem Lehrerverhalten veränderungsresistente Verhaltensweisen etablieren. Er reflektiert seinen Glaubenssatz über pädagogisches Verhalten in schwierigen Sportstunden, kann Schüler*innen so anders wahrnehmen und erhält neue methodische Anregungen. Das könnte auch seinen Umgangsstil mit Schüler*innen grundsätzlich verändern und ihnen mehr Partizipation zugestehen. Sein Selbstbewusstsein als Lehrer ist gestärkt, er kann wieder planen und handeln. Die Arbeit in der 8. Klasse muss so für ihn nicht mehr nur Last, sondern kann Herausforderung sein, die zum Experiment mit neuen Sicht- und Verhaltensweisen einlädt.

Die übrigen Kolleg*innen der Fallberatungsgruppe kultivieren während des zirkulären Beratungsprozesses ihre Empathiefähigkeit, indem sie sich wechselseitig in den*die Fallerzähler*in und in die Fallperson hineinversetzen und sich dabei im Konstruieren multiperspektivischer Sichtweisen üben. Auch ihr Denkhorizont und ihre Handlungsoptionen werden so erweitert.

8.2 Theoriebezug: Lernen und Beraten nach neurowissenschaftlichen Erkenntnissen

Die Neurowissenschaften haben in den letzten Jahren wichtige Erkenntnisse über Voraussetzungen, Charakter und Optimierung von Lernprozessen gewonnen. Supervision und Kollegiale Fallberatung, beides andragogische Verfahren, tun also gut daran, diese Erkenntnisse in Theorie und Praxis miteinzubeziehen. J. Baur fasst in seinem Artikel wichtige neurowissenschaftliche Ergebnisse zusammen, wobei er sich auf G. Hüther, K. Reich, M. Spitzer und andere bezieht. Hier die für Supervision und Kollegialer Fallberatung relevanten Punkte in gekürzter Form (Baur, 2009, S. 230 f.):

- Denken, Fühlen und Handeln des Menschen werden maßgeblich durch neuronale Verschaltungsmuster, synaptische Verbindungen sowie neurochemische und neurohormonelle Prozesse im Gehirn bestimmt.
- Das Gehirn ist zeitlebens veränderbar, also »plastisch«. Psychosoziale Erfahrungen werden neuronal verankert. Je nach Intensität, Häufigkeit und Vielseitigkeit von Erfahrungen entstehen neuronale Spuren oder Bahnen, die wiederum nutzungsabhängig unterschiedlich tief in die Gehirnstruktur eingebrannt sind.
- Neuronale Entwicklungen bzw. Veränderungen im Gehirn erfolgen insbesondere durch interpersonelle Beziehungs- und Bindungserfahrungen, die »unter die Haut« gehen.
- Supervision und Kollegiale Fallberatung bieten als andragogische Lehr-Lern-Prozesse einen geschützten Reflexions- und Lösungsraum für Gehirnveränderungsprozesse zur Konstruktion, Dekonstruktion und Rekonstruktion von Wirklichkeit. Erfolgreiches Lernen in der Supervision heißt dann: auf der Basis günstiger Lernbedingungen die Plastizität des Gehirns zu nutzen, um neue positive Erfahrungen zu machen, die in veränderten neuronalen Verschaltungsmustern im Gehirn verankert werden.

In seinem Artikel »Supervision als neurowissenschaftlich inspirierter Lehr-Lern-Prozess: Facetten einer ›gehirngerechten‹ Supervision« (Baur, 2009) gibt J. Baur auf dem Hintergrund dieser Erkenntnisse dazu einige Anregungen. Erstens weist er auf die Bedeutung einer angenehmen Lernatmosphäre hin: »Der Supervisor ermöglicht Erfahrungen, [...] die Freude, Stolz, Lust, Interesse vermitteln. Er vermeidet Erfahrungen, die Angst, Zwang oder übermäßig belastenden Stress erzeugen, welche das Lernen erschweren« (Baur, 2009, S. 240). Zu der angenehmen Lernatmosphäre gehört zweitens auch die vertrauensvolle Beziehung der am Lernen beteiligten Personen.

8.2 Theoriebezug: Lernen und Beraten

»Entscheidend ist, dass die Supervisanden positive Beziehungserfahrungen machen und introjizieren können, indem der Supervisor Wärme, Zuversicht, Kompetenz, Handlungsbereitschaft, ungeteilte Aufmerksamkeit und Vertrauen ausstrahlt« (Baur, 2009, S. 239).

Dass sowohl die Atmosphäre als auch die Qualität der Beziehungen Lernen nachhaltig beeinflusst, ist zwar schon altes Erfahrungswissen, ist nun aber auch neurowissenschaftlich zu belegen. Systemisch gesehen geht es dabei um anschlussfähige strukturelle Koppelungen. Neurobiologisch ausgedrückt bedeutet das, dass die chemischen Reaktionen der Neurotransmitter und die entsprechenden somatischen Marker, also implizite erfahrungsassoziierte Körperempfindungen, ein emotionales und körperliches Erleben von Zuversicht, Vertrauen und Zustimmung vermitteln (vgl. Baur, 2009, S. 232, nach Damasio).

»Für das Entstehen einer Atmosphäre der Sicherheit und des Vertrauens braucht der Supervisand das Erlebnis von viel Interesse und Zuwendung [...]. Je mehr er [der Ratsuchende, Anm. der Verf.] mit seinen Glaubenssätzen bei seinen Zuhörern auf Verständnis und Anteilnahme – nicht Billigung oder Zustimmung! – stößt, desto leichter kann er sie in einer möglichen späteren Konfrontationsphase kritischen Prüfungen [...] aussetzen« (Schlee, 2008, S. 82).

Hier wird deutlich, dass es im Blick auf eine gute Atmosphäre nicht so sehr um »Wellness«-Techniken geht, sondern um vertrauensvolle Zusammenarbeit, die lösungsorientiert auch schmerzhaftes Lernen mit einschließen kann.

Baur betont außerdem die neurowissenschaftliche Bedeutung von vielfältigen Lernerfahrungen in der Supervision, die auch erlebnis- und körperorientierte Methoden miteinschließen (s. o.):

»Der Supervisor arbeitet mit aktivierenden Methoden, mit denen Erfahrungen spielerisch selbst erlebt werden können. Dafür nutzt er möglichst vielfältige sinnliche, körperliche, emotionale, intellektuelle, soziale Zugänge für explizites und implizites Lernen, damit vielerlei neuronale Vernetzungen stattfinden können« (Baur, 2009, S. 240).

In der Supervision ist es Aufgabe der Leitung, für eine vertrauensvolle Atmosphäre zu sorgen und vielfältige Lernmethoden – wie z. B. die

Arbeit mit Symbolen oder Aufstellungen – zu ermöglichen. In der Kollegialen Fallberatung sollte es der Gruppe bewusst sein, dass sie selbst für eine positive Stimmung und für eine gute Arbeitsatmosphäre in der Gruppe verantwortlich ist. Metaphorische Arbeitsmethoden sind im Leitfaden für Kollegiale Beratung nur ansatzweise vorgesehen. Immerhin versetzen sich die Teilnehmer*innen in wechselnde Rollen. Weiter gehende handlungsorientierte Methoden wie der Einsatz von Symbolen oder Aufstellungen oder die Arbeit mit dem Inneren Team können in fortgeschrittenen, beratungserfahrenen Fallgruppen eingesetzt werden, sofern sich die Gruppe das zutraut.

9

Selbstsupervision

9.1 Externalisierung und Visualisierung oder: »Die innere Chairperson aktivieren«

Die Methoden aus dem Spektrum systemischer Supervision bieten diverse Anknüpfungspunkte für eine Selbstsupervision, also ohne Beteiligung einer*eines Supervisor*in. Vorteile hierbei sind selbstredend die Unabhängigkeit von externen Supervisor*innen, deren Terminen und Honoraren.

In der Regel kommt diese Ausführung für Personen infrage, die bereits langjährige Supervisionserfahrung besitzen oder selbst als Supervisor*innen ausgebildet sind. Supervisionserfahrene Lehrkräfte nutzen gerne die in Supervisionen kennengelernten Methoden in der Anwendung auf aktuelle Fragen aus dem Berufsalltag. So lässt sich beispielsweise das bereits mehrfach vorgestellte »Innere Team« gut zur Selbstsupervision einsetzen.

Wir möchten unsere Leser*innen an dieser Stelle zur Selbstsupervision einladen. Nehmen Sie ein kontroverses Thema wie beispielsweise den Umgang mit Vielfalt in der Schule. In vielen Kollegien werden diesbezüglich Möglichkeiten erörtert, denn der Umgang mit Vielfalt infolge veränderter Aufnahmeverfahren für Schüler*innen mit Unterstützungsbedarf betrifft inzwischen alle Schulen/Schulformen. Selbstsupervision kann in diesem Zusammenhang dabei helfen, unterschiedliche Aspekte – von kritischen bis optimistischen – zu berücksichtigen.

Die bereits weiter oben eingeführte Arbeit mit dem »inneren Team« kann hier als Methode der Selbstsupervision genutzt werden.

Fallbeispiel Selbstsupervision
Arbeitsauftrag: Notieren Sie in den Sprechblasen der inneren Teammitglieder Ihre inneren Stimmen zum Umgang mit Vielfalt an Ihrer Schule. Ausgedrückt werden darf der Ärger, die eigene Hilflosigkeit, der Unmut …, aber auch die Zuversicht, Aufbruchsstimmung und mögliche Entwicklungstendenzen.
Reflexion: Angesichts der Vielfalt innerer Stimmen – wie könnten Sie eine innere Ordnung herstellen? Welches gemeinsame Ziel könnte formuliert werden, um in eine produktive Bewältigung der Krise zu gelangen? Welche Stimmen brauchen mehr Gehör, welche stehen einer produktiven Bewältigung eher im Wege? Wie können die unproduktiven inneren Teammitglieder an einer gemeinsamen Zukunft beteiligt werden?

Eine weitere Methode, die sich zur Selbstsupervision eignet, ist das »Auftragskarussell« (Schlippe, 2016), welches im Folgenden beispielhaft dargestellt werden soll. Ein wichtiges Ziel, das mit dem Einsatz dieser Methode verfolgt werden kann, ist die Wiedererlangung von Handlungsmöglichkeiten in komplexen Anforderungssituationen.

9.1 Externalisierung und Visualisierung

Infolge eines Selbstklärungsprozesses werden mithilfe der Methode jene Erwartungen, die schulische Akteur*innen an sich selbst richten und die sie durch Schüler*innen, Kolleg*innen, Eltern oder Schulleitung an sich gerichtet sehen, einer genaueren Betrachtung unterzogen. Mithilfe des schrittweise angeleiteten Reflexionsprozesses lassen sich spezifische Erwartungen fokussieren und diese an vorhandene Kapazitäten und Zuständigkeiten anpassen. So lassen sich unangenehme Gefühle bezüglich bestimmter beruflicher Themen hinterfragen, damit verbundene unscharfe Erwartungen (und Erwartungserwartungen) geraten in den Blick und werden auf diese Weise der Bearbeitung zugänglich. Ein Ergebnis dieser Reflexionsarbeit könnte sein, dass man nicht akzeptable Erwartungen (Aufträge) an die Beteiligten zurückspiegelt und sich davon distanziert.

Fallbeispiel Selbstsupervision

1. Beschriften Sie die Felder. Wer richtet Erwartungen an Sie? Sie können hier Einzelpersonen, Gruppen oder Institutionen nennen. Auch die eigene Person sollte hier genannt werden.

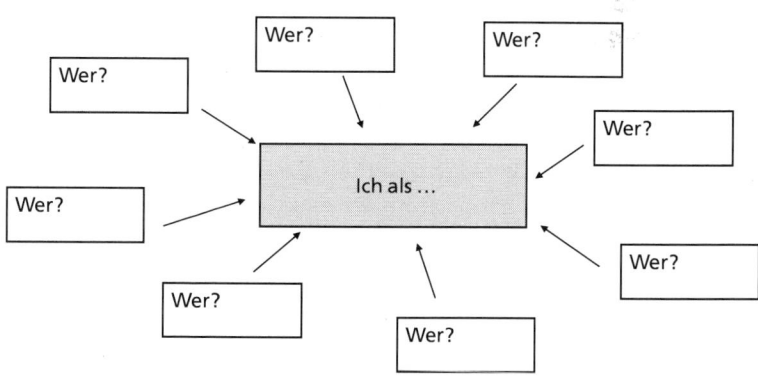

Abb. 9.1.1: Ausgangslage bei der »Auftragskarussell«-Methode als Selbstsupervision

127

2. Formulieren Sie nun Erwartungen, die von den oben genannten Akteur*innen (vermutlich) an Sie gerichtet werden. Konkretisieren Sie die Erwartungen so, wie diese ausformuliert wären (auch wenn es sich eher um implizite Erwartungen handelt). Was erwarten die Personen/Institutionen/Gruppen (vermutlich) von mir?
3. Nehmen Sie alle Aufträge an? (Aufträge können auch umformuliert oder abgelehnt werden.)
4. Nun gilt es noch zu überlegen, inwiefern bei umformulierten oder abgelehnten Aufträgen die Beteiligten informiert werden müssen? Oder gibt es etwas zu verhandeln oder ein deutliches Nein zu formulieren? Gegebenenfalls könnten als Ergebnis der Arbeitsphase die Möglichkeit der Mediation oder Supervision in Erwägung gezogen werden.

Die hier genannte Methode zur Selbstsupervision eignet sich auch ohne akute Herausforderungen zur kontinuierlichen Selbstsorge und Selbstklärung.

9.2 Theoriebezug: Professionalisierung im schulischen Kontext

Das Agieren in Gemengelagen aus komplexen Anforderungen und den damit verbundenen Spannungsverhältnissen stellt grundlegend eine Herausforderung für pädagogische Fachkräfte dar. Denn Widersprüche bzw. Antinomien bestehen hier auf unterschiedlichen Ebenen und werden als konstitutiver Bestandteil pädagogischer Arbeit angesehen. Zu nennen sind beispielsweise auf einer Handlungsebene Widersprüche und Rollenprobleme zwischen Bedürfnissen nach Nähe und nach Distanz in großen Schüler*innengruppen/Klassen und Kollegien. Auch kann es für Lehrkräfte herausfordernd sein, sich einerseits Kolleg*innen mit Fragen und Problemen anvertrauen zu wollen,

9.2 Theoriebezug: Professionalisierung im schulischen Kontext

andererseits aber damit das Risiko einzugehen, bezüglich eigener Fehlentscheidungen beschämt zu werden. Auch gesellschaftliche Rahmungen wie Pluralisierungstendenzen und Individualisierung bedingen widersprüchliche Anforderungen.

Wie im Kapitel 1.3 bereits ausgeführt wurde, lässt sich Professionalität im Lehrer*innenberuf an Selbstverantwortungsübernahme und Reflexionsvermögen ausrichten (▶ Kap. 1.3). Folgende Fragen können mit dieser Art der Reflexion aufkommen (Clark, 1995, S. 88): Mit welcher Berechtigung dränge ich auf Veränderungen im Leben dieser Kinder? Wo beginnt und wo endet meine Verantwortung? Inwiefern nehmen meine eigenen Schwächen Einfluss auf das Leben anderer Personen? Solche Fragen lassen sich nicht pauschal beantworten, sondern erfordern intensive und systematische Reflexion von Schlüsselsituationen. Clark unterstreicht seine Vorstellung zur Professionalität von Lehrpersonen mit der Bezeichnung des »thoughtful teaching«, wobei er die Doppeldeutigkeit von »aufmerksam« (thoughtful) hervorhebt: Im englischen Sprachgebrauch enthält der Begriff sowohl kognitive als auch emotionale Bedeutungselemente. Im Deutschen lässt sich dies mit der Übersetzung »aufmerksam« nur annähernd wiedergeben. Die von Clark angesprochene »ethische Sensibilität« geht nämlich über das intellektuelle Urteilen hinaus. Sie entwickelt sich mit Erfahrung, Übung und der Reflexion auftretender Gefühle und Gedanken zum Berufsalltag.

Supervision hat, so meinen wir, dafür die notwendigen methodischen Zugänge und ist somit ein Ort, wo Reflexion mit Herz und Verstand entwickelt und gepflegt werden kann.

10

Zur Ethik systemischer Supervision oder: »Was machen wir hier eigentlich wie und wozu?«

Systemische Supervision hat kein explizit ausformuliertes ethisches Konzept. Implizit aber schließen systemisches Denken und Handeln, systemische Haltungen und Methoden ethische Aussagen mit ein. Denkmuster wie → Autopoiese, → Selbstreferenz oder → Multiperspektivität schaffen sichtlich andere Wirklichkeiten als Konzepte wie Macht, Kontrolle oder Wahrheit (Ebbecke-Nohlen, 2009, S. 117).

Zum Konzept des Konstruktivismus gehört es, dass er keine Instrumente zur Entscheidung über wahr und falsch bereithält. Er kann deshalb keine Stellung zu konkreten Wertfragen nehmen. Das heißt aber nicht, dass Ethik unter konstruktivistischen Prämissen eine Fiktion ist. Ganz im Gegenteil: Aus konstruktivistischer Sicht ist das Subjekt für seine gesamte Wirklichkeitskonstruktion zuständig und verantwortlich (Kersting, 2002, S. 83). Dabei stellt sich die Frage, wie diese Verantwortung gestaltet sein soll und welche Verpflichtungen sie enthalten könnte.

Ebbecke-Nohlen (2009, S. 117) schlägt vor, zwischen einer Ethik erster und einer Ethik zweiter Ordnung zu unterscheiden. Demnach könnte eine Ethik erster Ordnung individuell ausgeprägte Wertvorstellungen beinhalten. Diese beanspruchen keine Verbindlichkeit für andere und sollten einer konstruktivistischen Relativität Rechnung tragen, was am besten durch permanente Reflexion der eigenen Prämissen gewährleistet werden könnte.

Dagegen hat eine Ethik zweiter Ordnung nicht die Aufgabe, bestimmte Wertvorstellungen inhaltlicher Art zu formulieren, vielmehr die Funktion, die Pluralität von Wirklichkeitskonstruktionen zu sichern im Sinne von Foersters → ethischem Imperativ: »Handle stets so, dass du die Anzahl der Möglichkeiten vergrößerst« (Foerster, 1993).

In systemischer Supervision gehen wir davon aus, dass Supervisor*innen und Supervisand*innen im Sinne einer Ethik zweiter Ordnung handeln. Sie konstruieren ihre je eigenen Wirklichkeiten, die unterschiedlich sind und auch unterschiedliche ethische Implikationen beinhalten. Indem sie in der Supervision kommunizieren, bringen sie eine gemeinsame Wirklichkeit hervor und verbinden ihre unterschiedlichen Wirklichkeitskonstruktionen strukturell miteinander, machen sie transparent und reflektieren sie gemeinsam (Ebbecke-Nohlen, 2009, S. 117). In größeren Supervisionsgruppen entsteht so eine Vielzahl an Wirklichkeitskonstruktionen und Ethiken, sodass sich ein »Multiversum vieler Ethiken« (Krüll, 1992) bildet. Diese Multiperspektivität zuzulassen und zu fördern, ist im Rahmen einer Ethik zweiter Ordnung wichtige Aufgabe systemischer Supervision.

Systemisch ausgerichtete Ethik zeigt sich nicht nur darin, dieses Multiversum vieler Ethiken zuzulassen und zu pflegen. Sie beinhaltet auch eine Verantwortung für den Supervisionsprozess. Dabei wird – auch wieder im Sinne von einer Ethik erster und zweiter Ordnung –

unterschieden zwischen der Verantwortung für inhaltliche Lösungen einerseits und der Verantwortung für den Prozess andererseits. Die Regie für inhaltliche Lösungen bleibt im Respekt vor der autopoietischen Natur lebender Systeme bei den Supervisand*innen. Die Verantwortung für den Prozess übernehmen jedoch die Supervisor*innen, die durch ihre Professionalität, ihre Fähigkeit zum Perspektivenwechsel und durch ihre wertschätzende Neugier einen Rahmen schaffen, der den Supervisand*innen größtmögliche Entfaltung und Entwicklung ermöglicht.

Dabei zeigt sich die Verantwortung der Supervisor*innen für den Prozess in einer Reihe sehr spezifischer systemischer Interventionen (Schwing/Fryszer, 2012, S. 168):

- Handle stets so, dass du die Anzahl der Möglichkeiten vergrößerst (Foerster, 1993): Die Supervisor*innen achten darauf, dass Supervisand*innen handlungsfähiger und offener für weitere Optionen werden; sie werden also sparsam intervenieren, nur nötige Unterstützung geben und Selbsthilfefähigkeiten fördern.
- → Kontextualisierung der Probleme und Lösungen: Supervisor*innen sehen nicht nur die einzelne Person, sondern auch den aktuellen Arbeitsplatz oder den biografischen Kontext (▶ Kap. 2.2), konnotieren Probleme positiv als Lösungsversuche und als eigentlich stimmige Schlussfolgerungen aus früheren Lebenserfahrungen (→ Reframing).
- Ressourcenorientierung: Supervisor*innen gehen davon aus, dass Supervisand*innen über genügend Ressourcen verfügen, die gerade nicht zugänglich sind. Sie fragen nach solchen Ressourcen und begeben sich gemeinsam mit den Supervisand*innen danach auf die Suche.
- → Lösungs- statt Problemorientierung: → Probleme dürfen sein. Supervisor*innen wissen aber um die Gefahr einer Problemtrance. Sie wissen und zeigen, dass beim Beschreiben eines Problems implizit schon die Lösung auftauchen kann. Sie sind sich dessen bewusst, dass Sprache Wirklichkeit konstruiert, dass es also entscheidend ist, wie vom Problem gesprochen wird.

- Respekt vor der → Autopoiese der Klientensysteme: Supervisor*-innen sind neugierig und offen, wie die Supervisand*innen auf die Interventionen reagieren, und rechnen mit allem. Sie gestalten die Supervision als kooperativen Prozess mit den Supervisand*innen und gehen davon aus, dass diese die wahren Expert*innen für ihr Leben sind und selbst entscheiden, was für sie passt. Dafür tragen die Supervisand*innen dann auch die Verantwortung.
- Induktion von Neuem: Durch ihre Interventionen laden die Supervisor*innen zu Veränderungen ein, bieten neue Perspektiven, Bedeutungsgebungen und Bewertungen an und animieren zu verändertem Handeln.

Angesichts der Erkenntnis, dass konkrete ethische Vorstellungen nur vorläufig sein können und sie selbst nicht im Besitz der Wahrheit sind, sind Supervisor*innen auch permanent dafür offen, eigene Annahmen in Frage zu stellen. Ihre Interventionen können nicht »richtig« oder »falsch«, sondern hilfreich, → viabel, oder eben nicht hilfreich sein.

Supervisor*innen sind sich weiter dessen bewusst, dass ihre Supervisand*innen als in sich geschlossene lebende Systeme nach eigenen Regeln und Strukturen operieren und nicht instruiert, sondern lediglich irritiert oder angeregt werden können.

Angesichts dieser Beschränktheiten kann eine angemessene ethische Grundhaltung systemischer Supervision eigentlich nur in einer »konstruktivistischen Bescheidenheit« bestehen (Barthelmess, 2005, S. 131 f.). Eine solche Bescheidenheit der systemischen Supervisor*innen ermöglicht es den Supervisand*innen, ungeniert bisher bekannte Positionen in Frage zu stellen, Situationen und Entscheidungen multiperspektivisch zu reflektieren und selbst nach geeigneten Lösungen zu suchen.

11

Glossar: Verzeichnis systemischer Begriffe

Aufstellung

Die in der Supervision verwendete Systemische Strukturaufstellung, von Insa Sparrer und Matthias Varga von Kibéd als »transverbale Sprache« entwickelt, ermöglicht es, Modelle, die wir uns von der Welt bilden, als sichtbare Bilder nach außen zu projizieren. Wir erleben durch die räumliche Darstellung von Themen mithilfe von Repräsentant*innen den augenblicklichen Zustand eines Systems aus der Sicht der jeweils aufstellenden Supervisand*innen und können durch verschiedene Interventionen neue Sichtweisen und Handlungsoptionen ergründen. So können wir Systeme simulieren, um sie besser zu erfassen, um Veränderungsprozesse einzuleiten und mögliche Auswirkungen zu testen (Sparrer, 2016, S. 9). Dies gelingt durch die Fähigkeit der repräsentierenden Wahrnehmung: Die aufgestellten Stellvertreter*innen, die nur spärliche oder sogar keine Information zu dem dargestellten System haben, sind in der Lage, spontan Unterschiede in ihrer Körperwahrnehmung zu spüren und zu benennen (Varga von Kibéd, 2008, S. 30). Diese Unterschiede, z. B. vor und nach der Aufstellung einer weiteren Person, werden von der Supervisionsleitung erfragt und geben den aufstellenden Supervisand*innen Einblicke, an welcher Stelle des aufgestellten Systems Reibungspunkte vorhanden sind oder wo Entwicklungspotential schlummert. Die Rückmeldung der Repräsentant*innen, wie sie den ihnen zugewiesenen Platz im aufgestellten System empfinden und welchen Platz sie sich stattdessen wünschen würden, liefert den Aufsteller*innen neue Informationen und einen multiperspektiven Blick auf die eingangs gestellte Frage.

Systemische Strukturaufstellungen schaffen nicht nur neue Perspektiven und Handlungsoptionen für die aufstellenden Supervisand*innen, sondern vermitteln oft auch den aufgestellten Repräsentant*innen neue Sichtweisen für ihre eigenen Fragen.

Autopoiese

Die Autopoiesetheorie, formuliert von den Neurobiologen Maturana und Varela, sieht lebende Systeme als autopoietische, d. h. sich selbst erzeugende und sich selbst organisierende Einheiten. Diese sind operational geschlossen, sodass sie nur das aufgreifen können, was sich in ihren eigenen operationalen Code fügt. Das macht sie autonom gegenüber ihrer Umwelt, zeigt aber auch die Begrenzung externer Einflussnahme. Die Umwelt kann lediglich anstoßen, anregen oder verstören, aber keine gezielte Strukturveränderung im System bewirken. Veränderungen im System werden vom System selbst entsprechend seiner autopoietischen Organisation vorgenommen durch Produktion, Transformation oder Destruktion einzelner Bestandteile.

Auch Erkennen ist autopoietischer Prozess. Wir hören, was wir hören, und das ist nicht unbedingt identisch mit dem, was ein anderer sagt oder meint. Als autopoietisches System verstanden ist das Gehirn nicht weltoffen, und man kann nicht annehmen, dass die menschlichen Sinnesorgane die Welt nach innen abbilden. Vielmehr ist davon auszugehen, dass das Gehirn alle Bewertungs- und Bedeutungskriterien aus sich selbst heraus entwickelt. Dabei ist ein System konservativ, d. h., es ist bestrebt, zu wiederholen und beizubehalten, was einmal funktioniert hat.

Ethischer Imperativ

In Anspielung auf den bekannten kategorischen Imperativ von Immanuel Kant »Handle nur nach derjenigen Maxime, durch die du zugleich wollen kannst, dass sie ein allgemeines Gesetz werde«, hat Heinz von Foerster einen ethischen Imperativ formuliert, der von einem konstruktivistischen Menschenbild abgeleitet ist: Handle stets so, dass du die Anzahl der Möglichkeiten vergrößerst (Foerster, 1993).

Foerster begreift Aussagen über die Welt als je eigene Sichtweisen und zieht Gewissheiten grundsätzlich in Zweifel, da er als Beobachter der Welt nicht außerhalb der Beobachtung steht, sondern Teil dieses Prozesses ist und die Welt nie ganz im Blick haben und beurteilen kann. So ist es wünschenswert, möglichst viele Möglichkeiten zu generieren, um sich nicht auf einzelne Aussagen festlegen zu müssen, sondern offen für viele weitere zu sein. Es gilt der Kontingenzvorbehalt: Aufgrund der prinzipiellen Offenheit und Ungewissheit menschlichen Wissens und menschlicher Erfahrung, kann alles auch ganz anders sein.

In systemischer Supervision ist es deshalb wichtig, viele Denkmöglichkeiten und Handlungsoptionen zu entwickeln, von denen die Supervisand*innen die im Augenblick für sie stimmigen auswählen können. Was die Zahl der Möglichkeiten einschränkt, Dogmen, Denkverbote, Tabus oder Richtig-/Falschbewertungen stehen systemischem Arbeiten im Wege. Supervisor*innen sehen ihre eigenen Hypothesen dementsprechend auch nur als eine Denkmöglichkeit unter vielen, die sie den Supervisand*innen als mögliche Interpretation anbieten.

Genogramm

Das Genogramm ist eine Art Stammbaum, das die verwandtschaftlichen Beziehungen in der Familie über mehrere Generationen darstellt und auch einzelne Merkmale der Familienmitglieder festhält. So wird eine schnelle und übersichtliche Darstellung von komplexen Informationen über ein Familiensystem vermittelt. Das Genogramm hilft, ein Problem zu → kontextualisieren, also es im Rahmen des familiären und außerfamiliären Kontextes zu sehen. Dann erscheint das genannte → Problem nicht als Folge von Eigenschaften eines Menschen oder seines Charakters, sondern als Teil seiner Geschichte und seiner Beziehungsstrukturen. Dadurch können z. B. wiederkehrende Verhaltensmuster in Familiensystemen erkannt werden. In der Supervision kann es entlastend wirken, die eigene familiäre Prägung so im Kontext der Großfamilie zu sehen und deren Genese als sinnvolle Entwicklung zu begreifen.

Hypothesen

Systemisch-konstruktivistisches Denken geht nicht davon aus, dass wir objektive Aussagen über Menschen oder Systeme treffen können. Systemische Supervisor*innen nehmen deshalb eine experimentelle Lernhaltung ein, aus der heraus sie vorläufige Hypothesen aufstellen. Hypothesen werden nicht danach beurteilt, ob sie wahr sind oder nicht, sondern danach, ob sie nützlich sind, um Veränderungen anzuregen. »Wir sollten bereit sein, uns schnell von Hypothesen zu trennen, wenn wir im Prozess bemerken, dass wir mit ihnen keine Veränderungen erzielen. Dann sollten wir lieber die Hypothesen wechseln als die Klienten« (Schwing/Fryszer, 2012, S. 132).

Inneres Team

Die innere Dynamik im Seelenleben des Menschen entspricht – nach dem Modell des Inneren Teams nach Schulz von Thun – in weiten Teilen der Dynamik, wie sie sich in Gruppen und Teams findet. Das Geheimnis für ein produktives Arbeits- und Seelenleben (mit Effektivität nach außen und gutem »Betriebsklima« nach innen) liegt im gelungenen Zusammenspiel von kooperativer Führung und Teamarbeit (Schulz von Thun, 2009).

Das Modell vom Inneren Team nach Schulz von Thun aus der Kommunikationspsychologie macht die Pluralität des menschlichen Seelenlebens sichtbar als Metapher für die intrapsychischen Stimmen, die oft widersprüchlich sind, sich bekämpfen und durch ihre internen Auseinandersetzungen Unsicherheit, Konflikte und Lähmungen hervorrufen können. Dabei kommen manchmal auch vergessene oder zurückgedrängte Stimmen zum Vorschein. Durch Visualisierung – als Zeichnung oder in einer Aufstellung – kann der augenblickliche Zustand des Inneren Teams dargestellt und reflektiert werden. Im Sinne des systemischen → Autopoiese-Gedankens haben alle inneren Anteile ihre Berechtigung, weil sie, zumindest in der Vergangenheit, zum inneren Gleichgewicht beigetragen haben.

Die Methode des Inneren Teams zielt darauf ab, dass wir unsere inneren Stimmen sehen, erkennen, würdigen und nutzen können, um die Kraft und Klugheit jeder einzelnen Stimme zu einem sinnvollen, handlungsfähigen Team zusammenzuführen. Dabei werden seelische Regungen, Qualitäten, Gefühle und Introjekte als Personen und Botschafter aufgefasst, die selbst Gedanken, Gefühle und Wünsche äußern können. Das Modell bietet die Chance, die innere Pluralität für differenziertes und stimmiges Handeln zu nutzen, also die Möglichkeit, »wirklich in Übereinstimmung mit sich selbst zu kommen« (Schulz von Thun, 2009, S. 27).

Joining

Abgeleitet vom englischen to join – sich verbinden – meint Joining das Verhalten von Supervisor*innen am Anfang eines Gesprächs. Sie stellen Kontakt her, schaffen eine Atmosphäre der Offenheit, signalisieren Interesse und holen Klient*innen dort ab, wo sie sich im Augenblick befinden. Dabei achten sie auf Sitzhaltung, Körpersprache, Sprachniveau und Schlüsselwörter und passen sich nach Bedarf zunächst sogar der Haltung und dem Stil der Supervisand*innen an. Auch wenn sie sich den Klient*innen zunächst etwas angleichen, übernehmen sie die Gesprächsführung und sind gleichzeitig reflektierende und steuernde Moderator*innen.

Kohärenz

Wenn Kohärenz (aus dem Lateinischen: Zusammenhang, Abstimmung, Koordination) zur Grundeinstellung eines Menschen gehört, ist er davon überzeugt, dass das Leben sinnvoll ist und dass er das Leben meistern kann, auch wenn es zeitweise Probleme gibt.

Im Konzept der Salutogenese nach Aaron Antonovsky ist das Kohärenzgefühl ein wesentlicher Faktor, der Gesundheit gewährleistet. Dazu gehören drei Komponenten:

- Verstehbarkeit der eigenen Person und der Umwelt
- Gefühl von Bedeutsamkeit oder Sinnhaftigkeit
- Überzeugung, dass das Leben handhabbar und zu bewältigen ist.

Konstruktivismus

Der radikale Konstruktivismus geht davon aus, dass alles Denken vom Menschen erzeugte Konstruktion ist. Wirklichkeit entsteht durch Wahrnehmung und Denken und ist nicht Abbild einer äußeren, feststehenden Realität. Wenn der Mensch wahrnimmt, nimmt er nicht einfach Informationen von außen auf, sondern passt die

Erfahrung an sein bisheriges Wissen an und konstruiert daraus ein Bild seiner Wirklichkeit nach seinen eigenen Regeln und Strukturen. »Wissen wird nicht passiv durch die Sinne oder Kommunikation erworben, sondern es wird aktiv durch das erkennende Subjekt aufgebaut« (Foerster/Pörksen, 2008, S. 70).

Systemisch orientierte Supervisor*innen wissen, dass es sich bei der eigenen Weltanschauung und bei der der Supervisand*innen nicht um Tatsachen, sondern um Annahmen handelt, und zielen deshalb nicht auf Wahrheit, sondern auf Nützlichkeit im Sinne einer Problemlösung: So sind supervisorische Interventionen nicht richtig oder falsch, sondern hilfreich oder nicht hilfreich, passend oder nicht passend. In Kenntnis ihres eingeschränkten Wissens üben sich die Supervisor*innen in konstruktivistischer Bescheidenheit und machen sich zusammen mit den Supervisand*innen auf einen experimentellen und ergebnisoffenen Beratungsweg.

Kontextualisierung

Ziel systemischer Supervision ist es, ein Problem nicht als Folge von individuellen Eigenschaften zu sehen, sondern im Zusammenhang mit vielfältigen Lebensbedingungen, Beziehungsstrukturen, Organisationsformen und Aufgabenstellungen. Mithilfe einer zirkulären Betrachtung werden Kontexte miteinbezogen und auch familiäre und geschichtliche Zusammenhänge berücksichtigt.

Kontrakt

Unter Kontrakt versteht man den Vertrag oder die Absprachen zwischen Klient*innen und Supervisor*innen. Der Vertrag beschreibt Bedingungen und Ziele der Supervision und die Verpflichtungen der Beteiligten. Der Kontrakt steht am Anfang der gemeinsamen Arbeit, aber auch am Anfang jeder einzelnen Supervisionssitzung oder sogar vor einem nächsten kleinen Arbeitsschritt: Was wollen wir wann, wie und wozu erreichen?

Der Kontrakt ist grundlegendes Prinzip systemischer Arbeit:

+ Er schafft Transparenz.
+ Er gibt Sicherheit (... was erwartet werden kann, was nicht gesagt wird ...).
+ Er stellt Verbindlichkeit her (Spielregeln).
+ Er macht die Grenzen von Supervision deutlich (indem die Ziele eingegrenzt werden).

So ermöglicht ein Kontrakt eine kooperative Beziehung auf Augenhöhe. Klient*in und Supervisor*in bestimmen gleichermaßen und transparent den Ablauf; Ressourcen und Kompetenzen werden auf beiden Seiten vorausgesetzt und anerkannt.

Kybernetik 1. und 2. Ordnung

Kybernetik (kybernetes, griech.: Steuermann) ist seit der Mitte des 20. Jahrhunderts die Wissenschaft, die Steuerung und Regelkreise von Maschinen, lebenden Organismen und sozialen Organisationen untersucht.

Die Kybernetik 1. Ordnung beschreibt lineare Steuerungsvorgänge technischer Systeme. Solche linearen Steuerungsvorgänge, die vorhersagbaren Ursache-Wirkungs-Zusammenhängen unterliegen, werden aber der Komplexität lebender Systeme nicht gerecht.

Die Kybernetik 2. Ordnung betrachtet den Menschen – wie andere lebende und soziale Systeme auch – als komplexes geschlossenes System, das zu einer dynamischen Selbstregulation fähig ist und die Anregungen interagierender Systeme nach eigenen unvorhergesehenen Regeln verarbeitet. Umgekehrt ist der Mensch als Beobachter der Welt auch Teil dieser beobachteten Welt; er kann also die Welt nicht objektiv, sondern nur durch seine spezifische Brille sehen und sollte – auch als Supervisor*in – mit seinen eigenen blinden Flecken rechnen.

Lösungsorientierung

»Problem talk creates problems, solution talk creates solutions« (de Shazer, zit. nach Dobmeier, o. J.).
In individuumsbezogener Beratung liegt der Fokus oft auf Problemen und Defiziten einer Person. Systemisch verstanden ist ein vorhandenes Problem aber nur im Kontext verständlich und war oder ist dort oft die Lösung eines anderen Problems. So war z. B. das fortgesetzte unentschuldigte Fehlen eines Oberstufenschülers und der daraus resultierende Schulverweis für ihn die Möglichkeit, zu seiner getrennt lebenden und kranken Mutter in eine andere Stadt zu ziehen und sich um sie zu kümmern, was er (unbewusst) eigentlich wollte. Sein Problem – das Schule-Schwänzen – war also seine Lösung.

Das Prinzip der Lösungsorientierung wurde von Steve de Shazer entworfen. Er nimmt an, dass jedes lebende System über eigene Ressourcen verfügt, um seine Probleme zu lösen. Die vom System augenblicklich gewählte Lösung ist für die Umwelt manchmal nicht plausibel und auch nicht verträglich. Durch neue Anstöße von außen kann das System angeregt werden, neue, passende und für die Umwelt gleichzeitig auch verträglichere Lösungen zu finden. Steuerbar und vorhersehbar ist dieser Prozess allerdings nicht.

In der Supervision wird ein von den Klient*innen vorgebrachtes Problem zunächst im aktuellen und im biografischen Kontext gesehen und als stimmige Lösung für frühere Lebenssituationen verstanden und gewürdigt. Statt die Klient*innen in einer Art Problemhypnose stecken zu lassen, regt Supervision dazu an, vergessene Ressourcen wahrzunehmen, neue Sichtweisen zu entdecken und mögliche Lösungen zu finden.

Multiperspektivität

Weil ein Problem nach systemischer Sicht durch eine entsprechende Kommunikation erst zu einem solchen gemacht wird (→ Problem nach systemischem Verständnis), kann eine gegenläufig angelegte Kommunikation auch zu einer Lösung führen. Dazu werden bisherige

Festlegungen durch möglichst viele andere Informationen »aufgeweicht«, sodass neue Perspektiven entstehen. Um viele neue Sichtweisen zu generieren, gibt es eine Vielzahl an systemisch ausgerichteten Methoden: Systemische Fragen, Skulpturen, Aufstellungen und andere metaphorische Techniken, reflektierendes Team, Genogramm u. a.

Problem nach systemischem Verständnis

Probleme sind nach systemischem Verständnis keine fest vorhandenen Größen, vielmehr entstehen sie in einem sozialen Kontext und durch bestimmte Formen von Kommunikation (Schlippe/Schweitzer, 2003):

- Ein Problem wird entdeckt/erfunden:
- Bei der Beobachtung von Menschen sieht jemand, dass »etwas nicht stimmt«.
- Es entsteht ein problemorientiertes Kommunikationssystem:
- In der Kommunikation mit anderen wird das, »was nicht stimmt«, zum wichtigen Inhalt und zum Mittelpunkt der Unterhaltung. Immer mehr Menschen tauschen sich dazu aus; dabei verengt sich die Aufmerksamkeit zunehmend auf das, »was nicht stimmt«.
- Das Problem wird erklärt:
- Im neu gewebten Kommunikationssystem werden Erklärungen gesucht und gefunden, häufig solche, die die Ausweglosigkeit des Problems beschwören (unsolidarische Gesellschaft/unfähige Kollegin/überforderte Eltern/chaotische Behörde/haltloser Schüler ...).
- Das Problem wird stabilisiert:
- Alle Beteiligten gehen davon aus, dass es keinen Ausweg gibt, oder höchstens einen von außen ohne eigenes Zutun, und zementieren diese Überzeugung im gegenseitigen sprachlichen Austausch.

Reframing

Reframing ist eine wichtige Technik systemischer Beratung, aber viel mehr als das, eine systemische Haltung. Es geht darum, die Inhalte und Beschreibungen in einem Gespräch zu hinterfragen und in einem anderen, konstruktiven Licht, einem anderen Rahmen (frame) zu sehen. Die bisherige Sicht wird dadurch gestört – neue Deutungen werden möglich. »Objektive« Sachlagen werden nicht verändert; aber auf der Ebene der Bedeutung findet eine Neuorientierung statt.

So klagt z. B. eine Supervisandin, dass sie nicht bei einer Sache bleiben könne und sich auf immer neue Aktionen stürze.

Ein mögliches Reframing könnte ihre Sorge und Selbstkritik positiv umdeuten: Sie hat viele Interessen und ist bereit, sich für Neues zu engagieren. Wenn sie erkennt, dass etwas nicht zu ihr passt, kann sie sich sinnvollerweise davon verabschieden und anderes ausprobieren.

Selbstreferenzialität

Ein lebendes System bezieht sich nur auf sich selbst. Es reagiert zwar auf Umweltreize, aber nur, indem es in der Konstitution seiner Elemente und seiner elementaren Operationen auf sich selbst Bezug nimmt. Es schließt also immer wieder an seine eigene Struktur an, ordnet sich nach eigenen Regeln, ist selbstreferent. Wie weit und in welcher Weise die Umweltreize wirken, legt das System fest.

Supervision hat die Chance, durch Anregung, Irritation oder Provokation ein System in Bewegung zu bringen, sodass es sich – allerdings nach seinen eigenen Mustern und Regeln – intern neu ausrichten kann. Ob und wie weit das geschieht, ist dabei völlig offen.

Skalenarbeit

Skalenarbeit als Methode ist hilfreich in unterschiedlichen Phasen des Supervisionsprozesses: Sie gibt am Anfang einen Überblick darüber, wo die Supervisand*innen stehen, zeigt im Verlauf der Supervision, wo noch Beratungsbedarf besteht, und gibt abschließend einen Eindruck davon, welche Erkenntnisse die Teilnehmer*innen gewonnen haben.

Auf einer vorgestellten Skala von 1 bis 10 positionieren sich die Supervisand*innen zu verschiedenen Fragen, die sich auf Informationen zur Sache (Wie lange arbeitest du schon in der Schule?) oder auf Befindlichkeiten beziehen (Wie viel Freude macht dir gerade dein Beruf als Lehrerin?). Danach können die Supervisand*innen Auskunft darüber geben, was sie im Augenblick dazu bewogen hat, sich auf diesen Punkt innerhalb der Skala zu stellen.

Unterschiede zu thematisieren oder auf einer Skala zu zeigen, bedeutet, Informationen zu generieren. So können die Supervisand*innen ihre eigene Sichtweise durch räumliche Positionierung selbst körperlich erleben und um sich herum die Sichtweisen der anderen erfahren. Jede Sichtweise ist erlaubt. Richtig oder falsch gibt es nicht.

Ziel systemischer Supervision ist es auch hier, möglichst viele Sichtweisen wahrzunehmen, um sich den eigenen Blickwinkel bewusst zu machen und mögliche andere Sichtweisen auszuprobieren. »Unterschiede sind Information und Information ermöglicht Veränderung« (Schwing/Fryszer, 2012, S. 31).

Systemische Supervision

Der systemische Beratungsansatz kommt aus der Familientherapie und ist heute in allen Beratungsformen von der Therapie über die Supervision bis hin zur Management- und Organisationsberatung verbreitet. 2008 wurde die systemische Therapie als wissenschaftliches Verfahren anerkannt.

Theoretische Wurzeln reichen in die Kybernetik, die Kommunikationstheorie, in die Allgemeine Systemtheorie und die Theorie dynamischer Systeme. Beeinflusst ist systemische Beratung wesentlich auch von konstruktivistischen Ideen.

Systemische Supervision zeichnet sich durch folgende Merkmale aus (Schlippe/Schweitzer, 2010):

11 Glossar: Verzeichnis systemischer Begriffe

- Ein Problem – wie z. B. das fortgesetzte unentschuldigte Fehlen einer Schülerin – wird nicht als ein Wesensmerkmal dieser Schülerin aufgefasst, sondern als ein Geschehen, an dem viele miteinander kommunizierende Menschen und auch soziale Systeme wie z. B. die Familie oder die Schulklasse, beteiligt sind. Gefragt wird, wer das Problem wie beschreibt.
- Wirklichkeit ist das Ergebnis von sozialer und sprachlicher Konstruktion. Deshalb ist es wichtig, dass Supervisand*innen ihre eigene Sicht, also ihre augenblickliche Konstruktion erkunden und darüber hinaus möglichst viele andere Blickwinkel kennen lernen.
- Da lebende Systeme als selbstorganisiert angesehen werden (→ Autopoiese), aber auch auf die Umwelt reagieren, werden Supervisor*innen den Kontext entwicklungsfreundlich gestalten. Sie sind sich aber bewusst, dass Verhalten und Entwicklung nicht gezielt steuerbar sind. Systemische Supervision kann jedoch Möglichkeiten bereitstellen, dass ein System »anregungsoffen für Zufälle ist« (Luhmann, 1988, S. 132).
- Aus Respekt vor der Selbstorganisation eines lebenden oder sozialen Systems werden Supervisor*innen aufmerksam auf dessen Möglichkeiten und Ressourcen achten. Thema ist dann, was bisher schon gut läuft und worauf aufgebaut werden kann.

Da ein lebendes System sich selbst nach autopoietischer Manier in einem inneren Gleichgewicht hält, ist davon auszugehen, dass zunächst auch alle Aktionen eines Systems für dessen eigene Existenz und Ausgeglichenheit sinnvoll sind (Homöostase). Systemische Supervision versucht deshalb auch, für scheinbar destruktives Verhalten wertschätzende Beschreibungen zu finden (→ Reframing). Gerade im schulischen Umfeld bedeutet das eine besondere Herausforderung, da es dem in der Schule gewohnt wertenden Blick zuwiderläuft.

Viabilität

Obgleich lebende Systeme sich selbst erzeugende, autopoietische Einheiten sind und zudem eine operationale Geschlossenheit aufweisen, haben sie Kontakt zur Außenwelt. Sie sind offen für Anstöße und Anregungen, die sie aber nach ihrer eigenen spezifischen Systemstruktur aufnehmen. Diese Anschlussfähigkeit – Viabilität – bedeutet, dass ein System die Möglichkeit hat, durch das Zusammenwirken von Selbstreferenz und Fremdreferenz neue Ausdifferenzierungen zu produzieren (Barthelmess, 2005, S. 34). Es reagiert und verändert sich, aber nach eigenen Regeln und nicht vorhersehbar.

Zirkuläres Denken

Im zirkulären Denken werden Dinge und Menschen in ihrer Wechselwirkung aufeinander betrachtet: Lehrerin Frau S. handelt gegenüber dem Schüler Felix (▶ Kap. 2.1), Felix reagiert auf Frau S., Frau S. wirkt wieder auf Schüler Felix ein … Oft ist unklar, wo und wie der Interaktionsprozess begonnen hat. Graphisch dargestellt, handelt es sich um einen Kreisprozess ohne Anfang und Ende. Dabei ist eine Reaktion Folge vorhandener Prozesse und gleichzeitig auch Grund für weitere Reaktionen. Zudem gibt es weitere zirkuläre Prozesse, die alle in einem Wirkungszusammenhang stehen und ständig in Bewegung sind: So spielen in der oben genannten Situation (▶ Kap. 2.1) auch zirkuläre Prozesse zwischen den übrigen Schüler*innen und Frau S. und zwischen diesen und Felix eine Rolle.

Mit einem zirkulären Blick begreift man Ereignisse in ihrer vielfältigen Abhängigkeit vom Kontext. Einzelne Reaktionen sind dann weniger Folge des Charakters der Beteiligten, sondern vielmehr aus dem Bezug zum Kontext zu verstehen.

Supervision bleibt deshalb nicht bei linearen Erklärungsmodellen stehen – der Schüler Felix stört den Unterricht, weil er Frau S. ärgern will oder weil es ihm langweilig ist –, sondern widmet sich verschiedenen Kontexten der Fragestellerin und versucht so, die Wechselwirkungen der Situation nach verschiedenen Seiten hin mit einzubeziehen.

Zirkuläre Fragen

Aus dem zirkulären Denken in der systemisch orientierten Supervision ergibt sich die Methode, zirkuläre Fragen zu stellen. Aus einer Haltung des Nichtwissens und der Neugier heraus befragen Supervisor*innen allfällige Supervisand*innen hypothesengeleitet zu ihren Beziehungen, zu Personen, zu ihrem Verhalten, ihren Ideen, zu Gegenwart und Zukunft: »Wer von Ihnen arbeitet in Ihrem Team am meisten zusammen, wer hat weniger miteinander zu tun?«, »Wo können Sie dieses Problem eher besprechen, in der Supervision, mit dem Team, mit Ihrem Partner?«. Dadurch wird die Selbstreflexion der Supervisand*innen angeregt und sie erhalten neue Informationen über eigene Beziehungsmuster.

Das sind z. B. Fragen

- zu unterschiedlichen Sichtweisen
- nach dem Nutzen
- nach Ressourcen
- nach Kooperationsmöglichkeiten
- nach Verhaltensunterschieden
- gedankenlesende Fragen
- Klassifikationsfragen
- → Skalierungsfragen.

Die sehr unterschiedlichen Fragen, manchmal auch als »Klatsch über Dritte in deren Anwesenheit« bezeichnet, ermöglichen es, verschiedene Zugänge zu einem Thema zu finden, um festgefahrene Sichtweisen »aufzuweichen« und um Wechselwirkungen zu untersuchen (▶ Kap. 1.1). »Neue Hypothesen erzeugen neue Fragen, neue Fragen vermitteln neue Informationen, neue Informationen bewirken Bedeutungswandel und Bedeutungswandel ruft Wahlmöglichkeiten im Handeln hervor« (Ebbecke-Nohlen, 2009, S. 78).

Literatur

Antonovsky, A. (1997): Salutogenese. Zur Entmystifizierung der Gesundheit. Tübingen: dgvt-Verlag.

Balz, H.-J. (2016): Teamogramm. Von den Geschichten und Zukunftsvisionen eines Teams. In: Neumann-Wirsig, H. (Hg.): Lösungsorientierte Supervisions-Tools (S. 265–269). Bonn: Verlag managerSeminare.

Barthelmess, M. (2005): Systemische Beratung. Eine Einführung für psychosoziale Berufe (3., korrigierte Auflage). Weinheim, München: Juventa.

Baumann, N. (2009). Selbstbestimmungstheorie und Kognitive Bewertungstheorie. In: Brandstätter, V., Otto, J. H. (Hg.): Handbuch der Allgemeinen Psychologie: Motivation und Emotion (S. 142–149). Göttingen: Hogrefe.

Baur, J. (2009): Supervision als neurowissenschaftlich inspirierter Lehr-Lern-Prozess: Facetten einer »gehirngerechten« Supervision. In: Hanswille, R. (Hg.): Systemische Hirngespinste. Impulse für die systemische Theorie und Praxis (S. 228–249). Göttingen: Vandenhoeck & Ruprecht.

Bellaire, N. (2016): Ressourcen-Ohr. In: Neumann-Wirsig, H. (Hg.): Lösungsorientierte Supervisions-Tools (S. 81–85). Bonn: Verlag managerSeminare.

Berker, P. (1999): Ein Ort für Qualität: Supervision. In: Kühl, S. (Hg.): Qualitätsentwicklung durch Supervision (S. 64–82). Münster: Votum.

Belardi, N. (2018): Supervision und Coaching. Grundlagen, Techniken, Perspektiven (5., überarbeitete Auflage). München: C. H. Beck.

Bundeszentrale für gesundheitliche Aufklärung (2001): Was erhält Menschen gesund? Antonovskys Modell der Salutogenese – Diskussionsstand und Stellenwert. Köln: BzgA.

Ciompi, L. (2005): Die emotionalen Grundlagen des Denkens – Entwurf einer fraktalen Affektlogik (3. Auflage). Göttingen: Vandenhoeck & Ruprecht.

Clark, C. (1995): Thoughtful teaching. London, New York: Cassell.

Denner, L. (2000): Gruppenberatung für Lehrerinnen und Lehrer. Eine empirische Untersuchung zur Wirkung schulinterner Supervision und Fallbesprechung. Bad Heilbrunn: Klinkhardt.

Dobmeier, A. (o. J.): Steve de Shazer (1940–2005), der Begründer der lösungsorientierten Kurzzeittherapie, im Porträt. In: De Selfie. Unter: https://www.deselfie.de/portraet-ueber-steve-de-shazer/, Zugriff am 28.02.2021.

Literatur

Ebbecke-Nohlen, A. (2009): Einführung in die systemische Supervision. Heidelberg: Carl-Auer.

Eder, F. (2008): Persönlichkeitsmerkmale von Lehramtsstudierenden. In: Eder, F., Hörl, G. (Hg.): Gerechtigkeit und Effizienz im Bildungswesen. Unterricht, Schulentwicklung und LehrerInnenbildung als professionelle Handlungsfelder (S. 273–293). Münster: Lit.

Egloff, B. (2009): Emotionsregulation. In: Brandstätter, V., Otto, J. H. (Hg.): Handbuch der Allgemeinen Psychologie – Motivation und Emotion (S. 714–722). Göttingen: Hogrefe.

Erbring, S. (2007): Pädagogisch professionelle Kommunikation. Eine empirische Studie zur Professionalisierung von Lehrpersonen unter Supervision. Baltmannsweiler: Schneider Verlag Hohengehren.

Erbring, S. (2009): Die Förderung professioneller Kommunikation in der Supervision. In: Supervision, Heft 2, S. 42–51.

Erbring, S. (2014): Inklusion ressourcenorientiert umsetzen. Heidelberg: Carl-Auer.

Erbring, S. (2021): Selbsthilfe für inklusive Schulen. Praxisbewährte Lösungen. Stuttgart: Kohlhammer.

Foerster, H. von (1985): Sicht und Einsicht. Versuche zu einer operativen Erkenntnistheorie. Wiesbaden: Springer.

Foerster, H. von (1993): Wissen und Gewissen: Versuch einer Brücke. Frankfurt/M.: Suhrkamp.

Foerster, H. von, Pörksen, B. (2008): Wahrheit ist die Erfindung eines Lügners. Gespräche für Skeptiker (8. Auflage). Heidelberg: Carl-Auer.

Glasersfeld, E. von (1978): Einführung in den radikalen Konstruktivismus. In: Watzlawick, P. (Hg.): Die erfundene Wirklichkeit. Wie wissen wir, was wir zu glauben wissen? Beiträge zum Konstruktivismus (S. 16–38). München: Piper.

Hubrig, C., Herrmann, P. (2007): Lösungen in der Schule. Systemisches Denken in Unterricht, Beratung und Schulentwicklung. Heidelberg: Carl-Auer.

Kersting, H.-J. (2002): Die Nacktheit des Antlitzes – Ethik der Verantwortung. In: Kersting, H.-J.: Zirkelzeichen. Supervision als konstruktivistische Beratung (S. 79–107). Aachen: Wissenschaftlicher Verlag des Instituts für Beratung und Supervision.

Kleve, H. (2011): Aufgestellte Unterschiede. Systemische Aufstellung und Tetralemma in der Sozialen Arbeit. Heidelberg: Carl-Auer.

Krüll, M. (1992): Psychotherapie und Ethik – in systemisch-konstruktivistischer Sichtweise. In: Ethik und Sozialwissenschaften. Streitforum für Erwägungskultur, Heft 3, S. 431–439. Wiesbaden: Westdeutscher Verlag.

Lippmann, E. (2009): Intervision. Kollegiales Coaching professionell gestalten. Heidelberg: Springer.

Löser, R. (2013): Rund um den Förderschwerpunkt Lernen. Hintergrundinformationen – Fallbeispiele – Strategien. Mühlheim a. d. Ruhr: Verlag an der Ruhr.

Lubau-Plozza, B., Dickhaut, H. H. (Hg.) (1984): Praxis der Balint-Gruppen. Beziehungsdiagnostik und Beziehungstherapie. Berlin: Springer.

Luhmann, N. (1988): Therapeutische Systeme – Fragen an Niklas Luhmann. In: Simon, F. (Hg.): Lebende Systeme. Wirklichkeitskonstruktionen in der systemischen Therapie (S. 124–138). Berlin: Springer.

Maturana, H., Varela, F. (1987): Der Baum der Erkenntnis. Die biologischen Wurzeln des menschlichen Erkennens. Bern: Scherz Verlag.

McGoldrick, M., Gerson, R. (2009): Genogramme in der Familienberatung (3., erweiterte Auflage). Bern: Huber.

Meyer, D. (2016): Zwischenstopp. In: Neumann-Wirsig, H. (Hg.): Lösungsorientierte Supervisions-Tools (S. 281–284). Bonn: Verlag managerSeminare.

Mietz, J., Kunigkeit, H. (2009): Supervision und Organisationsentwicklung in der Institution Schule zwischen Eigenverantwortung und Fremdorganisation. In: Pühl, H.: Handbuch Supervision und Organisationsentwicklung (3. Auflage, S. 305–325). Wiesbaden: Verlag für Sozialwissenschaften.

Möller, T. (2015): Supervisorisches Selbstverständnis. Eine systematische Analyse der Supervision im Kontext ihrer Geschichte (Studien zur Berufs- und Professionsforschung, Bd. 24). Hamburg: Verlag Dr. Kovac.

Müller, F. H. (2010): Die Bedeutung der Selbstbestimmung von Lehrpersonen für Unterricht und Lernen. Empirische Befunde aus dem Interventionsprojekt IMST. In: Jürgen, A., Faust, G. (Hg.): Wirkt Lehrerbildung? Antworten aus der empirischen Forschung (S. 91–104). Münster: Waxmann.

Nieskens, B., Rupprecht, S., Erbring, S. (2012): Was hält Lehrkräfte gesund? Ergebnisse der Gesundheitsforschung für Lehrkräfte und Schulen. In: DAK-Gesundheit und Unfallkasse NRW (Hg.): Lehrergesundheit – Bausteine einer gesunden Schule (S. 3–59). Köln: Carl Link.

Pekrun, R., Frenzel, A. C. (2009): Persönlichkeit und Emotion. In: Brandstätter, O., Otto, J. H. (Hg.): Handbuch der Allgemeinen Psychologie – Motivation und Emotion (S. 686–696). Göttingen: Hogrefe.

Pühl, H. (2009): Team-Supervision und Teamarbeit. In: Pühl (Hg.): Handbuch Supervision und Organisationsentwicklung (3., aktualisierte Auflage, S. 161–193). Wiesbaden: Verlag für Sozialwissenschaften.

Rappe-Giesecke, K. (2003): Supervision für Gruppen und Teams. Heidelberg: Springer.

Roth, G. (1987): Die Entwicklung kognitiver Selbstreferenzialität im menschlichen Gehirn. In: Baecker, D. (Hg.): Theorie als Passion. Niklas Luhmann zum 60. Geburtstag. Frankfurt/M.: Suhrkamp.

Rothermund, K., Eder, A. (2011): Motivation und Emotion. Wiesbaden: VS Verlag. doi:10.1007/978-3-531-93420-4

Rothland, M. (2014): Warum entscheiden sich Studierende für den Lehrerberuf? In: Terhart, E., Bennewitz, H., Rothland, M. (Hg.): Handbuch der Forschung zum Lehrerberuf (2., überarbeitete und erweiterte Auflage, S. 349–385). Münster, New York: Waxmann.

Schlee, J. (2004): Kollegiale Beratung und Supervision für pädagogische Berufe. Hilfe zur Selbsthilfe. Ein Arbeitsbuch. Stuttgart: Kohlhammer.

Schlippe, A. von (2009): Der Blick aus dem Adlerhorst. Reflektierende Positionen in der Teamentwicklung. In: Neumann-Wirsig, H. (Hg.): Supervisions-Tools. Die Methodenvielfalt der Supervision in 55 Beiträgen renommierter Supervisorinnen und Supervisoren (S. 181–187). Bonn: Verlag managerSeminare.

Schlippe, A. von (2016): Das Auftragskarussell: Ein Instrument der Klärung eigener Erwartungshaltungen. In: Levold, T., Wirsching, M. (Hg.): Systemische Therapie und Beratung. Das große Lehrbuch (2. Auflage, S. 223–227). Heidelberg: Carl-Auer.

Schlippe, A. von, Schweitzer, J. (2003): Lehrbuch der systemischen Therapie und Beratung. Göttingen: Vandenhoeck & Ruprecht.

Schlippe, A. von, Schweitzer, J. (2010): Systemische Interventionen (2. Auflage). Göttingen: Vandenhoeck & Ruprecht.

Schulz von Thun, F. (2009): Das Innere Team in Aktion. Praktische Arbeit mit dem Modell (4. Auflage). Hamburg: Rowohlt.

Schumacher, E. (2000): Soziale Ungleichheit an Grundschulen: Lehrer/innen-Milieus, Tagungsband zur 7. Jahrestagung für Grundschulforschung, Hildesheim. Bad Heilbrunn: Klinkhardt.

Schwing, R., Fryszer, A. (2012): Systemisches Handwerk. Werkzeug für die Praxis. Göttingen: Vandenhoeck & Ruprecht.

Simon, F., Stierlin, H., Clement, U. (1999): Die Sprache der Familientherapie. Ein Vokabular. Kritischer Überblick und Integration systemtherapeutischer Begriffe, Konzepte und Methoden. Stuttgart: Klett-Cotta.

Sparrer, I. (2004): Wunder, Lösung und System. Lösungsfokussierte Systemische Strukturaufstellungen für Therapie und Organisationsberatung. Heidelberg: Carl-Auer.

Sparrer, I. (2016): Systemische Strukturaufstellungen (2. Auflage) Heidelberg: Carl-Auer.

Sydow, K. von, Beher, S., Retzlaff, R., Schweitzer-Rother, J. (2006): Die Wirksamkeit der Systemischen Therapie/Familientherapie. Göttingen: Hogrefe

Tietze, K.-O. (2003): Kollegiale Beratung. Problemlösungen gemeinsam entwickeln. Hamburg: Rowohlt.

Tietze, K.-O. (2010): Wirkprozesse und personenbezogene Wirkungen von Kollegialer Beratung. Theoretische Entwürfe und empirische Forschung. Wiesbaden: Verlag für Sozialwissenschaften.

Varga von Kibéd, M. (2008): Repräsentierende Wahrnehmung. In: Daimler, R.: Basics der Systemischen Strukturaufstellungen. Eine Anleitung für Einsteiger und Fortgeschrittene (S. 27–33). München: Kösel.

Watzlawick, P., Jackson, D., Beavin, J. (1969): Menschliche Kommunikation: Formen, Störungen, Paradoxien. Mannheim: Huber.

White, M. (1992). Therapie als Dekonstrukion. In: Schweitzer, J., Retzer, A., Fischer, H. R. (Hg.). Systemische Praxis und Postmoderne (S. 39–63). Frankfurt/M.: Suhrkamp.

Witte, K. (2004): Die Kunst des Denkens in Bildern. Arbeit mit Symbolen in der Supervision. In: Buer, F. (Hg.): Praxis der Psychodramatischen Supervision. Ein Handbuch (2. Auflage, S. 141 ff.). Wiesbaden: Verlag für Sozialwissenschaften.